トロツキーの挽歌

片島紀男

同時代社

トロツキーの挽歌

目次

プロローグ

トロツキーの墓参りに

一九四〇年八月二〇日、一九一七年のロシア革命の立て役者の一人レオン・トロツキーは、独裁者スターリンが放った刺客ジャクソンに隠し持っていた登山用のピッケルで頭蓋骨を打ち砕かれ、翌八月二一日午後七時二五分、病院で息を引き取った。六〇歳であった。

八月二二日、メキシコの慣習に従って、トロツキーの亡骸を入れた霊柩車のあとから、葬式の行列が繁華街や労働者階級の郊外地区をゆっくり進んだ。その地区では、ぼろをまとった裸足の群衆が黙々と舗道を埋めていた。

亡骸は遺体安置所となった市庁舎のホールに五日間まつられていたが、その前をおよそ三〇万の群衆が列をなして過ぎた。

街々には、無名の吟遊詩人が即興的に作った哀悼歌（コリド）『レオン・トロツキーの挽歌』がこだましていた。

——トロツキーは一夜にして暗殺された。

トロツキーは、居心地のいい、雄大なメキシコの大地に思いを馳せ、

メキシコの空の下、幸せな生活を送ることを望んだ。

郊外地区では貧しい労働者たちが黙々として舗道を埋めた。(『写真集トロツキー』より)

8月22日、トロツキーの亡骸を乗せた霊柩車のあとから、葬式の大行列が続いた。

しかし、とうとう運命の時が訪れた。
トロツキー自身の住居で、
卑劣な暗殺者がトロツキーの生命を奪った。
暗殺者は、ピッケルを携え、
トロツキーが一人でいる時を狙って、襲撃した。
それは、火曜日の夕暮れ近くのことだった。
この宿命の悲劇は、国と首都をゆるがした。

八月二七日、亡骸は火葬に付された。遺骨はトロツキー夫妻らが暮らしていたコヨアカン地区の屋敷「小要塞」の中庭に埋められた。

葬儀のあと間もなく、第四インターナショナルのアメリカ支部の指導者会議が開かれ、遺骨の埋葬地にオベリスク（墓標）を建てることが決まった。素朴なそれは、直ちに建立された。人の身長の一倍半ほどの高さの巨大な青い石に、革命のシンボルである大きな鎌とハンマーが刻み込まれている。上部にローマ字で「レオン・トロツキー」と名前が刻まれ、その背面には、赤旗を掲げるためのポールが据えつけられている。

トロツキーの暗殺後、二〇年もこの家で暮らすことになる妻ナターリャは生前、オベリスクの周りをいつも草花が生い茂っているようにと絶えず手入れをしていた。今、南国の木々が影を落としている。この家は現在「トロツキー博物館」になっており、トロツキーの孫のエステバン・ヴォルコフ（愛称セーヴァ）が管理している。

ヴォルコフはトロツキーの先妻の長女ジーナの子で、ジーナは彼が七歳の時ベルリンで自殺、父親も彼が幼い頃スターリンの粛清でシベリアへ流刑となり、その地で銃殺されていた。孤児となった孫のヴォルコフをトロツキー夫妻がメキシコに呼び寄せたのは一九三九年、彼が一三歳の時である（一三六頁写真参照）。以来、トロツキーが暗殺されるまでの、まる一年間、トロツキー夫妻とともにこの家で暮らした。メキシコ共産党員で壁画界の巨匠シケイロスによる襲撃事件およびジャクソンによるトロツキー暗殺事件を知る唯一の生き証人である。

一九九三年、私はヴォルコフに会い、祖父トロツキーのことをいろいろ聞いた。彼は今も涙ながらに家の中を案内しながら、祖父の最後について生々しくこう証言した。

「ジャクソンは事件の数日前にもトロツキーを訪問していました。彼はこの書斎に入ってきてトロツキーに自分の書いた原稿を見せていました。その原稿はあまり良いものではなく論理展開も混乱していたので、トロツキーは内容と文体を書き直すよう彼にいくつかの指示を与えていました。そして彼は帰って行ったのですが、実はこの一回目の訪問はいわゆる『本番』に備えての下見だったのだと、私には思えます。

確かにトロツキーもジャクソンと一回目に会った時、何かおかしいと感じたようです。彼が妻のナターリャに語ったところによれば、ジャクソンはテーブルの上に座ったり、部屋に入ってきても帽子を脱がなかったり、とても風変わりな人物だったそうです。トロツキーはジャクソンを疑い始めていたようですが、もう間に合いませんでした。

八月二〇日の午後、彼は再びこの家に現れました。トロツキー主義の国際書簡（インターナショナル・レター）の政治論評に興味があり、短い原稿を書いたので原稿に手を入れて欲しいと突然トロツキーに頼みにきたのです。その日の彼は生気のない表情で、神経質になっているようでした。彼は雨も降っていないのに窮屈そうにレインコートを着込んでいました。ナターリャは彼の様子がおかしいと気づいていたようです。

彼はナターリャに水を頼みコップに入った水をもらった後、トロツキーの書斎に入って行きました。その数分後に、恐ろしい叫び声が家中に響きわたりました。そして血塗《まみ》れになったトロツキーの姿を目にしたのです。

ナターリャの話では、彼女はこのドアロに立って震えながら血塗れになったトロツキーを見たそうです。トロツキーは襲われた瞬間、原稿の上に身を屈めました。ジャクソン（本名ラモン・メルカデル）は彼の右側に座っていました。そして柄の部分を短く切断した斧を取り出して、それを背後から力まかせにトロツキーの頭部に降り下ろしたのです。しかしトロツキーは最初の一撃を受けた後も立ち上がってメルカデルと闘いました。彼自身、二回目の強打を阻止したと語っていますから。ハンセンとハロル（秘書兼警備員）が書斎に入り、殺人者に飛びかかって容赦なく殴りつけました。ほとんどそれと同時にトロツキーは個室に運び込まれ、食堂の床に横たえられました。床のこの部分にもたれかかるようにして……。そしてナターリャが急いで傷口に氷を当てて応急処置を施しました……」

トロツキーの書斎でかつて使用されていたタイプライターや書棚など襲撃された時そのままに配置され、刺客に襲われた時に壊れた眼鏡がそのまま机の上に置かれ、カレンダーも襲われた「一九四〇年八月二〇日」のままになっており、まるで時が止まったかのような印象を受ける。怒りと涙とともに独裁者スターリンへの憎悪が込み上げてきた。

私が初めてメキシコを訪れたのは一九九三年一一月であった。ほんとうのねらいは四〇年八月二〇日に最後の亡命地メキシコで暗殺されたロシア革命の指導者レオン・トロツキーの墓参りに行くことだった。

私は一九五九年慶應大学法律学科自治会委員長の時、当初日本共産党の民青に入っていたが、一一月に安保改定反対のデモで国会に突入したことから、「挑発主義者」「トロツキスト」「極左冒険主義」「大衆拝跪主義」と日本共産党から非難を受け、それで民青を離れ、東京大学法学部自治会の共産主義者同盟（ブント）の指導で社会主義学生同盟の支部を作り、唐牛《かろうじ》健太郎率いる全学連大会に慶應大学の三色旗を持って参加、六〇年安保闘争へと突入した。

一九六〇年一月一六日の岸訪米阻止の羽田闘争で唐牛健太郎が逮捕されると、闘争は冷却し、清水谷公園に集まる学生も各大学の旗は多いが数は五〇人くらいだった。そして、その少数の群団で短いジグザグデモを行い、「国会突入」「首相官邸突入」を叫びながら数においては圧倒的な機動隊にぶつかって行った。こちらは少数でも、確かに日共の非難したように私たちは「トロツキスト」であった。いつか必ず日本の労働者階級、インテリゲンチャ、学生などを巻き込み、さらに世界の労働者、学生を揺り動かし、トロツキーが夢見た「世界革命」「永続革命」が実現すると本当に信じていた。六月一九日の安保改定の自然承認が近づくにつれ、次第に国会周辺に集まる学生・大衆の数は膨れ続け、国会を包囲し尽くすまでになった。六月一五日、ついに私たち慶應大学社学同支部（「六月会」と称していた）は四

トロツキーの遺骨は夫妻が暮らしていたコヨアカン地区の屋敷「小要塞」（現在は「トロツキー博物館」）の中庭に埋められた。長方形の墓碑が立つ。（『トロツキー自伝』より）

〇〇名の学生を引き連れ、他の全学連の学生、労働者とともに南通用門から国会へ突入。しかし一時的な解放区が実現しただけで東大生の樺美智子さんが機動隊に虐殺され、闘争は敗北のうちに終わった。

　しかし、その後も、「地球を一つの花園に」と、トロツキーが夢見た「世界革命」の実現を目指したことだけは今も永遠に忘れることはできない。

　私は一九九三年六月上旬から編集者の寺田博と『死霊』について作家・埴谷《はにや》雄高《ゆたか》へのインタビューを月一回の約束で続けていた。ところが、一〇月から埴谷雄高の緊急入院が決まり、取材の予定が狂ってしまった。その時、たまたまＮＨＫ教養番組部に海外取材番組『世界・わが心の旅』という年一本割り当ての番組の枠が空き、吉田圭一郎と草川康之両プロデューサーから「片さん、何かやらないか」と声をかけられ、渡りに船と「やります。やらせて下さい」と頭を下げた。すぐに渋谷の西武デパートの書籍部にかけつけ、めぼしいものはないか探しまくった。すると、『リテール』という雑誌に「一九三〇年代のメキシコ」と題する論文の連載を発見、そこにトロツキーとメキシコ壁画界の巨匠の交流が描かれていた。「番組はこれだ」と即決し、翌日著者の中原佑介を鎌倉・逗子海岸近くの自宅に訪ね、直ちに同行取材の了解をとり、企画提案書を提出した。「トロツキーにのめり込むのではなく、メキシコの壁画界を中心に描くのであれば」との条件付きで提案は通った。

「全学連で国会に突入し、『死霊』なんか五日間連続でやった男がよくNHKをクビにならないなあ」と驚いていた埴谷雄高に、「埴谷さんの入院中に日本酒一本下げてメキシコにトロツキーの墓参りに行ってきます」と言ったら、大笑いして「トロツキーの死霊によろしく」と激励してくれた。

こうしてトロツキストによるトロツキーの墓参りが実現した。勿論メキシコの壁画や風景を構成通りしっかり撮ったが、三年七ヵ月（四三ヵ月）間、亡命の地メキシコで過ごしたトロツキーの最後の闘いの姿を描こうと必死に取材を続けた。

私が首都メキシコ・シティを訪れた一九九三年一一月、中央広場ソカロ（憲法広場）では一一月二〇日の革命記念日を前にセレモニーの準備が行われていた。二日後、厳重な警護の中で、長く続いたスペインによる植民地支配が生み出した混血人種メスティーソによる陽気なパレードや若き兵士たちの集団演技が行われた。紙吹雪が舞う中、大統領がバルコニーから広場に集まった数万の群衆に向かって手を振っていた。

メキシコは世界で最初に社会革命を起こした国である。

狭義には、スペインから独立後三五年間に及んだディアス体制（一八七七―一九一一年）の打倒を目指した一九一〇年一一月二〇日のマテロ（一九一一―一三年に大統領就任）による武装蜂起に始まり、革命憲法が制定された一七年に終結したとされる。より広義には、民主的政治体制の確立、農地改革の実施など革命の目標が実現されたカルロス・カルデナス政権（一九三四―一九四一年）の終了をもって革命は終結したとされる。

世界がいわゆる帝国主義時代に入った一八七〇―八〇年に確立したディアス独裁体制の下で、メキシコは外国資本を積極的に誘致し近代化を急いだが、その結果、外国資本による歪んだ経済開発が促進され、メキシコの富は欧米先進諸国の支配するところとなった。このディアス独裁体制の打倒と社会改革の実現および外国資本の排除を目指したメキシコ革命は、中国の辛亥革命（一九一一年）やロシア革命（一九一七年）より先に勃発し、しかもこれらの革命と異なって明確な革命思想と優れた指導者を擁しなかったにもかかわらず、挫折することなくメキシコ近代化の基礎を築くことに成功した。同時にメキシコ同様に欧米先進諸国の資本に支配されたラテン・アメリカ諸国の民族主義運動に大きな影響を与えた。

また、私たちは革命記念日の日、市内の大通りで、「サパタは生きている。闘いは続いている」と叫びながら赤旗を掲げ練り歩く先住民族インディオの農民たち『サパティスタ』の長い行列のデモに出会った。全国各地から集まった彼らは、市内の公園にテントを張って寝泊まりし、デモの横断幕にペンキで文字を描きながら、毎日デモを展開していた。

サパタ（Emiliano Zapata 一八七九―一九一九年）とは、メキシコ革命動乱期の農民運動の指導者で、農地改革運動のシンボル的存在となった伝説的英雄である。

サパタはメキシコ・シティに隣接する伝統的な糖業地帯モレロス州の大農園に囲まれた村の小農

の子として生まれた。糖業の近代化と砂糖ブームにより、大農園と周辺の村との間で土地や水利権をめぐる紛争が続発した。そのような状況の中で一九一〇年五月、村民を率いて武力で大農園に占拠された土地の奪還を図った彼は、その強い意志と優れた行動力によって武装蜂起した農民運動の指導者となった。独裁者ディアス打倒と社会改革のスローガンを掲げたマテロに共鳴して、一一年にマテロの運動と連帯し、その勝利に貢献した。しかし、農地改革の具体策をめぐってマテロと対立し決別。一四年、革命の諸勢力が一堂に会したアグアスカリエンテス会議で農地改革を全国革命綱領として採択させるのに成功、メキシコ革命における農地改革の理念と実践に大きな影響を与えた。しかし、護憲主義を掲げる革命指導者カランサ（一九一七―二〇年に大統領在任）と対立、ゲリラ戦に転じて中央政府に抵抗を続け、一九年四月一〇日、連邦政府軍将校ヘスス・グアハルドにチナメカ農園で虐殺された（『ラテン・アメリカを知る辞典』参照）。

それから九〇年近くたっているが、サパタの思想は生き続け、私たちが帰国した直後の一九九四年一月一日、メキシコ南部の国境地帯でマヤ系先住民族の武装抵抗組織「サパティスタ民族解放軍」（EZLN）が武装蜂起した。伝説の革命家サパタの亡霊は大衆の心の中に今なお生き続けているのである。

今、中南米では、ソヴィエト崩壊後、世界の警察国家、一国覇権主義を目指すアメリカに対して異議を唱え、反米の嵐が吹き荒れ、次々と左翼政権が誕生している。メキシコの革命記念日の渦の中に身を置くと、世界制覇を目指したナチズムのヒットラーと一国社会主義、独裁政治を目指したスターリンに対して、死の瞬間まで抵抗し続けたレオン・トロツキーと彼の「世界革命」「永続革命」の思想は、没後七〇年近くたった今なお、単なる過去の遺物としてではなく、姿を変えながらも「現実」のものとして生きているように思えてくる。

第一章　最後の亡命地・メキシコ

一九三七年一月九日朝、トロツキーと妻ナターリャは石油タンカー「ルート（ルス）号」で最後の亡命国メキシコのタンピコ港に到着した。この時、トロツキーはすでに亡命生活九年に及んでいた。

独裁者スターリンが指導するボルシェビキ党第一五回大会の決定に基づき、モスクワからソ連中央アジアの都市アルマ・アタに追放され、一九二九年には国外追放に処された。まずトルコ領のプリンキポ島へ、ついで三三年にはフランスへ、そして最後にノルウェーに移った。しかし、この間も、自分は世界を変革すべく運命づけられているという信念を決して失うことなく、その目標を目指して活動を続けていた。しかし、ソ連の経済的圧力（大量のニシン輸入をキャンセルするという威嚇）を受けてノルウェー政府はトロツキーの国外追放を決定したが、他国への亡命申請も次々と拒絶されるに至り、トロツキーは絶望の淵に立たされた。

一九三六年一一月二一日、ニューヨークの作家アニタ・ブレンナーからメキシコの壁画界の巨匠ディエゴ・リヴェラのもとに至急電報が届き、「メキシコ政府がトロツキーの亡命を認めてくれるかどうか即刻知りたい。これは死活問題だ」と知らせてきた。アニタ・ブレンナーはリヴェラの妻フリーダ・カーロの友人だった。ブレンナーはメキシコの当時の大統領カルデナスが土地改革や労働改革に積極的な革新派で、可能性ありと踏んでいたからである。

芸術においても政治においても反逆者であった偉大な壁画家ディエゴ・リヴェラは、メキシコ共産党の創立者の一人であり、一九二二年以来、その中央委員会の一員であった。

一九二七年九月、初めてモスクワを訪問。二八年、モスクワで「十月―芸術労働協会」が結成される（メンバー二八人）と、外国人の参加はごくわずかだったが、リヴェラは直ちにその結成に参加した。

グループ「十月」の宣言文は、明らかにスターリン（派）が推し進める社会主義リアリズムの否定であった。しかし、一九二二年に結成された「革命ロシア美術家協会」（ＡＫＨＰＰ）はリアリズム芸術復活の牙城であり、その影響は次第に力を増し、非リアリズムへの動向に対する風圧が高まっていた。グループ「十月」の結成は、強まる芸術形式の保守化とリアリズムへの急速な傾斜に対する、非リアリズム志向のアヴァンギャルドの最後の意思表示であった。「十月」が最も敵対したのは、この「革命ロシア美術家協会」であった。

リヴェラは大勢になりつつあったソヴィエト美術の社会主義リアリズムには共鳴せず、新しい形式を目指すアヴァンギャルドの理念に賛同した。

そして一九二七年一一月、モスクワでトロツキストの街頭デモと反対派の除名を目撃して、深刻な衝撃を受け、ついにメキシコ共産党と訣別、また党創立以来親密な友人であり政治上の同志であった同じ壁画界の巨匠ダヴィド・アルファロ・シケイロスがスターリンの味方をしたため手を切り、リヴェラはトロツキズムの支持者となった（中原佑介『一九三〇年代のメキシコ』参照）。

リヴェラは一九三三年七月から一二月にかけ、ニューヨークのニュー・ワーカーズ・スクールの壁画を制作した。この労働者のための学校は反スターリン主義者との理由でアメリカ共産党から除名された元書記長ジェイ・ラヴストーンが創設したもので「共産党反対派」のセンターでもあった。リヴェ

赤軍を閲兵するレーニンとトロツキー（ディエゴ・リヴェラが描いたフレスコ画）。このフレスコ画はアメリカからメキシコに運ばれ、現在はメキシコ・シティにある。
（『写真集トロツキー』より）

ラは二一枚の可動パネルによる壁画を構想し、アメリカ合衆国の歴史をテーマにした。その一九番目のパネル「プロレタリアの団結」の中央にはレーニンの顔を大きく描き込み、その両脇にマルクスとエンゲルス、さらにトロツキー、ブハーリン、ローザ・ルクセンブルグ、クララ・ツェトキン、アメリカ共産党のウィリアムス・フォスター、反対派のジェイ・ラヴストーンなどの顔をちりばめた。左上の隅にはスターリンの顔も見えるが、視線をそらした悪魔のような表情に描いている。帰国後、ニューヨークのＲＣＡビルの未完成に終わった壁画をメキシコの国立芸術宮殿に再現した際、中央部分はＲＣＡビルのものと同じ構図にしたが、左右に新しい部分を付け加え、その右側の中央に赤旗を手にしたトロツキーを大きく描いていた。赤旗には「万国の労働者よ、第四インターナショナルに結集せよ」と書かれていたほど、公然とトロツキー支持を表明した（中原佑介、前掲書参照）。

一九三六年九月、トロツキー派インターナショナル「国際共産主義者連盟」に加盟、トロツキー支持を政治的に鮮明にしたリヴェラとメキシコ・トロツキスト・グループの指導者オクタビオ・フェルナンデスの二人は、その頃、北部のラ・ラグーナ地区の土地改革を視察していたカルデナス大統領に会うため、密かに北へ向かった。トレオン市に到着したリヴェラは、個人の資格でトロツキーの亡命を申請し、カルデナスは、トロツキーがメキシコ国内問題に介入しないことを誓約するという条件で、これを許可したのである。

この時、メキシコはまだ革命の絶頂期にあった。カルデナスは広大な私有地を貧農に分配、またアメリカ人やイギリス人の所有する石油と鉄道の会社を国有化しようとしていた。外国投資家、メキシコ人の地主、カトリック教会はこれに反撃した。メキシコとアメリカの関係は緊張していた。

だが、カルデナスは自分の背後に農民と、急に一大勢力に成長したメキシコ労働総同盟の支持を抱えていた。しかし、その労働総同盟はスターリニストの牙城であり、その指導者ロンハルド・トレダノと共産党は、トロツキーの入国許可に激しく抗議し、われわれはこの「反革命の前衛の元凶」が国外に追放されるまで決して抗議を止めないと大統領に警告した。カルデナスはメキシコ労働総同盟をなだめようとした。カルデナス自身は政治的にはどんなトロツキズムとも共産主義ともまったく違っていた。貧農出身の彼は、農業急進主義と外国支配に対する愛国主義的闘争の思想に導かれていた。だから、共産主義の内部闘争には一切巻き込まれないようにしていた。トロツキーの入国許可に対するスターリニストの抗議は厳然とはねつけた。しかし、自分の「賓客」からはつとめて遠ざかっていた。二人は直接にはついに一度も会うことはなかった。それはカルデナスの立場を考えてのトロツキーの配慮だった。

カルデナスはトロツキーに、国内問題には干渉しないことを誓って欲しいと言った。トロツキーはタンピコから発信したカルデナス大統領への感謝の電報で早速メキシコの政治への干渉は絶対に差し

フリーダ・カーロ　（『FRIDA KAHLO』より）

控えるつもりであると誓ったが、どんな非難や中傷にも公然と応える「道徳的権利」だけは保留した。カルデナスはそれで満足した。スターリニストの攻撃に対してトロツキーが自己を弁護する権利をすすんで擁護した。そして、遠ざかっていながらも、油断なく、暖かく心を使う態度をどこまでも変えなかった（ドイッチャー『追放された予言者・トロツキー』参照）。

タンピコ港に入港したトロツキー夫妻は何ヵ月も護衛に囲まれ、絶え間ないスターリンの手先による暗殺の脅威の中で長年暮らし、疲れ切っていた。ナターリャ夫人は上陸を怖がった。岸壁でどんな運命が自分たちを待ち受けているのだろうかと、不安な気がして上陸を拒んだ。友人たちの顔を見ない限り上陸しないと警察に伝えた。ノルウェーの警官に威嚇され、まさに強制上陸させられる寸前、政府差し回しのカッター船が近づいてきて、メキシコ大統領ラザロ・カルデナス大統領の歓迎のメッセージを携えたメキシコの将軍が何人もの役人を連れて現れた。そして桟橋では、顔馴染みの二人のアメリカ人、マックス・シャハトマン（アメリカのトロキスト運動の指導者）とジョージ・ノヴァク（「レオン・トロツキーを守るためのアメリカ委員会」書記）が手を振って迎えた。そしてディエゴ・リヴェラの妻フリーダ・カーロがレボーソ（メキシコのショール）に長スカートをまとったしなやかでエキゾチックな民族衣装で出迎えた。リヴェラはあいにく入院中で、彼女は代役であった。大統領はトロツキー夫妻を港から迎えるため、大統領用の特別列車「イダルゴ号」を差し回していた。GPU（ソ連秘密警察ゲ・ペ・ウ）の手からトロツキーを守るため、列車は夜一〇時に密かにタンピコを出発、一一月一一日朝、メキシコ市近郊の小駅レチェリアに到着した。夜明け前の闇の中、近くのレストランでは、このため一時退院を認められたリヴェラやメキシコ・トロツキスト・グループの人々が多数の政府役人や警察と協力し歓迎パーティの準備をしていた。リヴェラは溢れるばかりの熱情を込めて二人を迎えた。

トロツキーは日記にこう書いている。

「われわれはタンカーを離れて、胸をときめかせつつ、新世界の土を踏んだ。一月にもかかわらず、ここの土地は暖かさを息づかせていた。……夜一〇時、通信大臣のムヒカ将軍の用意した特別列車で、タンピコから首都に向かった。

北のノルウェーと熱帯のメキシコとの著しい相違を感じたのは、気候だけではなかった。胸の悪くなるような身勝手さと、気力を殺ぐような不安心さの雰囲気から解放されて、ここにはいたるところで歓待と親切とに遭遇した。……われわれは強い関心を持って車窓から熱帯の風景を観察した。タンピコとサン・ルイス・ポトシとの間にあるカルデナスの村では、二台の機関車がわれわれの列車を高原に向かって牽引しはじめた。空気はだんだん冷たくなっていき、まもなく、われわれは、メキシコ湾の湿度の高い大気に対して抱いた北国人特有の熱帯に対する恐怖から解放された。一一日の朝、われわれは、首都郊外の小さなレチェリアという駅に降り立ち、退院していたディエゴ・リヴェラと肩を抱き合った」（フォース・インターナショナル誌一九四一年六

トロツキーが 1937 年から 38 年まで住んでいた「青い家」。
（『追放された予言者・トロツキー』より）

月号「トロツキーの日記から」一九三七年一月九日付）

正午、トロツキー夫妻らは自動車でメキシコ・シティ郊外のコヨアカンに向かった。メキシコ市中央駅ではニセ歓迎者がこれみよがしにうろつき回っていた。

ようやく遠くに汽車の煙が見え、列車の接近する響きが聞こえてきた。新聞記者やカメラマンが押し寄せ、トロツキー夫妻、そしてフリーダが下車する瞬間を取材しようと待ち構えていた。ところがトロツキーらは自動車で裏道を通り、コヨアカンのサン・アンヘルにあるリヴェラとフリーダ・カーロの邸宅「青い家」に到着した。以後二年間、トロツキー夫妻はここに住むことになるのである。

一九二九年八月二一日に結婚式をあげたリヴェラとフリーダ・カーロは、三三年末、ロックフェラー・センターの壁画制作のため渡米していたアメリカから帰国すると、このサン・アンヘル地区パルマス通りとアルタピスタ通りの角に建つ新居に移った。そこは二軒がつながった連棟で、建築家ファン・オゴールマンの設計によるものだった。リヴェラは、機能的で「住むための機械」のようなものをと依頼していた。凹凸のない、四角くてありふれた近代建築だったが、鉄骨とガラスを基本にした邸宅は、リヴェラの家はピンク、フリーダの家は青と色鮮やかに彩色がなされ、周りは柱サボテンが取り巻き、メキシコ的雰囲気を醸し出していた。ひと際目立つこの建物は「青い家」と呼ばれ、現在フリーダ・カーロ美術館になっている。

連棟とはいえ、大きさは異なり、リヴェラの家のほうが大きかった。それは天井の高いアトリエと広い台所からなり、アトリエは来客や絵の商談用の半ば応接間でもあり、食事は大抵、台所でとった。フリーダの「青い家」はよりプラベートで、コンパクトだった。一階はガレージ、二階に居間兼食堂と小さな台所があり、螺旋階段で昇る三階は寝室と巨大な一枚ガラスの窓のついたアトリエ、それにバスルームからなっていた。平らな屋根は金属の手すりつきテラスになっていて、ここから連絡橋でリヴェラのアトリエと結ばれていた。

緑なす中庭には、草花が咲き乱れ、一日中、鳥のさえずりが聞こえていた。ここは、灰色のヨーロッパから着いたばかりのトロツキー夫妻にとって、一つの楽園であった。広々とした明るい部屋が並ぶ「青い家」には、リヴェラとフリーダが集めた古代インディオの民芸品や古代芸術品のコレクション、そして絵が飾られていた。

トロツキー夫妻には、台所、食堂、寝室の三部屋が与えられた。「リヴェラとフリーダの家は、まるで、見知らぬ惑星にきたみたいであった」と、トロツキーの妻ナターリャはのちに回想している。

トロツキーもナターリャ夫人もスペイン語を話せないので、フリーダが主たるアドバイザー、付添い役をつとめた。フリーダ・カーロの妹クリスティーナは時々運転手役をつとめることになった。また信用のおける召使いも不可欠だったので、フリーダは自分の召使いを数人まわした。さらに安全対策として通りに面した窓はすべて日乾しレンガで塞がれ、カルデナス大統領も、この客人を守るべく家の外に警察の見張りを配置した。夜は護衛の警官に代わり、トロツキー党のメンバーが分担して警護にあたることになった。のちに、ドア一つ向こうの隣家から襲撃される恐れがあると心配したリヴェラは、大げさで気前のよい彼らしく手っ取り早く隣地を買い取ることにし、隣人を立ち退かせ、二つの地所を一つにしてしまった。

トロツキーはパリに住む長男リョーヴァ(レオン・セドフ)に宛てた手紙で、こう書いている。

「メキシコ当局は、私たちに対して格別の配慮をはらってくれている。……大統領は急進的で、大胆な政策をとっている。スペインに公然と援助し、私たちの生活がよくなるようにできるだけのことをすると約束している」(D・ヴォルコゴーノフ『トロツキー・その政治的肖像』下)

トロツキー夫妻は元気を取り戻し、直ちに反スターリンの闘いを開始する。

第二章

レーニンの死、そして流刑

少年トロツキー〔9歳〕
(『写真集トロツキー』より)

トロツキーは一八七九年、ウクライナにユダヤ人の農民の子として生まれ、本名をブロンシュテインといった。一九世紀末、周辺の生活の明らかな不正、そしてそこから生じた暴虐に対して憤りを抱いていたインテリ・学生たちにマルクス主義は多かれ少なかれ精神的な支柱を与えていた。トロツキーもその影響下に身を置き、オデッサ大学在学中は、入学後一年半にして、半マルクス主義、半ナロードニキ的な学生グループの指導者となっていた。一八九八年、逮捕されシベリアに流刑された彼は、一九〇二年に脱走した。彼がトロツキーを名乗るようになったのは、この時からで、その名は彼の入っていた監獄の看守のものだった。脱走後の彼は、ロシア革命の様相を呈した一九〇五年を除いて、一七年の革命まで国外にあって活動を続けていた。

トロツキーがボルシェビキに加わったのは、十月革命の直前であった。トロツキーは何よりもマルクス主義的インテリであった。傲慢で才気にあふれ、博識でウィットに富んだ彼は、その一方では辛辣な皮肉屋であった。そして時として、その皮肉は相手にとって悪意に満ちているように見えた。

しかも彼がボルシェビキに加わったのは十月革命の直前であり、それまでは反ボルシェビキ的な立場をとり続けたというその経歴は、彼にとって明らかに不利であった。その経歴と彼の傲慢な態度とがあいまって、党内に多くの敵を作っていた。

そんなトロツキーを寛大に受け入れ、存分にその手腕を振るわせたのはレーニンであった。

あるボルシェビキの指導者はトロツキーをこう評している。

「知的にすぐれた人材の多かった革命期のボルシェビキの指導者の中にあっても、トロツキーは確かに最も卓越した存在の一人であり、革命や内戦で示されたように、その実際的な組織力も天才的であった。そして外国では、トロツキーはレーニンと同格の指導者と見られていた」

一九〇五年、ロシア最初の労働者会議ペトログラード・ソヴィエトの議長となって、その組織者としての才能と同時に、大衆に感銘を与える雄弁家としての力量を示した。この時、彼は好んで全能・非人間的な「魔王」を大衆の前で演じ、労働者や兵士たちの熱狂の中で、しばし陶酔にひたっていたと言われたほどである。

一九一七年には、最も優れた軍事的な才能を持つ革命家であることをも証明した。多くのボルシェビキ指導者の反対を浴びながら、レーニンが武力蜂起を主張した時、レーニンを強力に支持し、蜂起の中心となる赤衛軍を組織・編成したのはトロツキーである。そして内戦の間、指導者の多くがその不安定な体制の存立の可能性に多大の危惧を抱いたのに対し、彼らを叱咤激励し、ボルシェビキを断固として勝利へ向かって邁進させたのは、恐れを知らぬトロツキーの勇気と精力的な努力であった。

トロツキーのこの奮闘がなければ、ボルシェビキ革命は歴史上、単なる「レーニン一揆」以上のものとなりえなかったであろうという評価は、あながち誤ったものとは言えない（H・シャックマン『スターリンとトロツキー』）。

革命直後の一九一八年一月、トロツキーとスターリンだけが特別訓令でレーニンの執務室に事前の断りなく出入りする権利を与えられていた。しかし、その役回りは、華やかな「ひまわり」と密やかな「月見草」ほどの違いがあった。トロツキーは第一次大戦の対独講和交渉の初代全権を務め、軍事人民委員（国防相）として革命政権の要である軍を統括、特別装甲列車で各戦線を駆け巡るなど、表舞台の顔となる。片やスターリンは、レーニンの秘書役として影のように寄り添って地味な組織活動を引き受け、裏方に徹していた（斎藤勉『スターリン秘録』）。

だが、一九二一年の終わり近く、レーニンの健康状態が悪化した。

一二月七日、彼は政治局へ手紙によって知らせた。

「今日、私は出発する。仕事の分量を減らし、休養を多くとるようにしたにもかかわらず、最近になって、私の不眠症はますますひどくなってきた。私は、党の会議にも、ソヴィエトの大会にも、報告を行えるような状態にないのではないか、とおそれている」

この時から、彼はその時間のかなりの部分をモスクワ近郊のある村で過ごすことになった。

彼の健康状態はさらに悪化した。一九二二年五月、その頭痛は次第にひどくなっていった。だが、医者たちは何の肉体的障害も見つけ出せず、処方といえば休養期間を延長することだけだった。レーニンは近郊の小村に身を落ち着け、そこからもう出てくることはなかった。五月の初め、最初の発作が襲ったのもそこでだった。

レーニンの死の直前から、後継者争いはすでに公然たる様相を呈し始めていた。

レーニンの後継者たらんとするスターリンにとって最大のライバルは、トロツキーであった。その卓越した才能、革命とそれに続く内戦における華々しい業績、どれをとってもトロツキーは多くのボルシェビキ指導者中、一頭地を抜きん出た存在であることは誰の目にも明らかであった。

トロツキーにとって悲劇の序幕は一九二二年四月に始まる。スターリンの党書記長への就任である。

一九二二年四月二日、第一一回党大会の最終日、中央委員会メンバーの選挙が行われた時のことである。投票が終わって、選挙管理委員会のメンバーが開票作業に入ると、投票用紙に「スターリンを書記長に、モロトフとクイブイシェフを書記に」と記入した票がどっさり出た。選挙管理委員会の委員長は、書記長選出は大会権限ではないのでそれらの票を無効扱いにすることを提案した。大会後に開かれる中央委員会総会の投票結果を前もって決めようというそういう試みが政治局のカーメネフから出たものであることを選挙管理委員長は疑わなかったが、どう扱うかを大会の幹部団にはかった。

レーニンは、「カーメネフに大会と中央委員会総会で発言させ、その画策を無効なものと認めさせよう」と提言した。

しかし、その後の事実が示すように、総会での書記局選出は結果的にはカーメネフの思惑通りに運んだ。やはりカーメネフの――そしておそらくスターリンやその側近たちの――事前の工作が功を奏したのであろう。

こうして他の要職を占めると同時に党書記長の地位にもつくことによってスターリンは、まさに「広大な権力をその手に集中した」（レーニン）のである（藤井一行『レーニン「遺書」物語』）。

スヴエルドロフ広場でデモの群衆に演説するレーニン〔1920年5月5日〕。演壇の下で演説の出番を待つトロツキーとカーメネフ。スターリン治下、この写真からトロツキーの姿は抹消された。
(『トロツキー自伝』より)

レーニンは苦しい病床の中で数多くの遺書(口述)を残している。

藤井一行『レーニン「遺書」物語』によれば、一九二二年一二月二三日から二三年三月二日までの手紙・論文八通である。死を前にしてレーニンが党と国家の現状と行方を憂え、そのあるべき方向を全党に訴えるべく書き残した文書群である。菊地昌典は、『トロツキー』「レーニンの遺書」の中で、一九二二年一二月一四日付のメモ(口述遺書)をはじめ、同月二三日、二四日、二六日、翌年一月四日の六通と指摘している。

二人の研究成果によると、レーニンは一二月二四日付でスターリンについてこう明確に述べている。

「同志スターリンは、党書記長になってから、広大な権力をその手に集中したが、彼がつねに充分に慎重にこの権力を行使し得るか否か、私には確信がない」

すぐに続けて、トロツキーについてもこう指摘していた。

「他方、同志トロツキーは、交通人民委員部の問題に関連しての彼の中央委員との闘いがすでに証明しているように、優れた能力を持っている点で目立っているばかりではない。個人的には彼は恐らく現在の中央委員会の中で最も有能な人間である。しかし、また、自己過信と物事の純行政的側面への度はずれの熱中にとらわれる人間でもある」

それから一〇日ほどしてレーニンはスターリンだけをわざわざ取り上げて新たに資質の評価を行っている。

「スターリンは粗暴過ぎる。この欠陥は、われわれ共産主義者の間やその交際の中ではまったく我慢できるものであるが、書記長の職務にあっては我慢できないものとなる。だから私は次のこと、即ち、スターリンをそのポストから他へ移し、他のすべての点においてただ一つの長所によって同志スターリンにまさっている別の人物、即ち他でもなく、同志たちに対してもっと忍耐強く、もっと忠実で、もっと丁重で、もっと思いやりがあり、あまり気まぐれでない、等々の人物をそのポストに任命する方法を検討するよう同志たちに提案する」

スターリンはこの時、書記長に選任されてからまだ八ヵ月あまりしかたっていなかった。一〇日前の時点ではレーニンは、スターリンが書記長として充分に慎重にその権限を発揮できるかどうか懸念を表明していただけであったが、この「遺書」では、スターリンが慎重に権限を行使できる人物ではないと判断するに至ったのである。このスターリン評価は他の党幹部に対する資質の評価とまったく比べものにならないほどの決定的な烙印であった（藤井一行、前掲書）。レーニンの遺書に明らかなように、トロツキーが最も有力な後継者として擬せられていたのである。

ところが、レーニンは一九二三年三月、最後の最も激しい発作に襲われ、ついに廃人同様になってしまった。書記長の人事権で着々と地方の党組織を固めていたスターリンは、この「最高権力の空白」を一気に突いて、全権掌握を狙ったのである。

一九二三年四月、第一二回党大会でスターリンは、グリゴリー・ジノヴィエフとレフ・カーメネフを抱き込み、党内でレーニンに次ぐ地位にあったトロツキーを包囲するトロイカ体制を結成、「人気を利用して政権奪取に突進し、革命を破壊する危険がある。彼は潜在的なボナパルト（私的利益を党益の上に置く反党分子の意）だ」とトロツキーをこきおろし、ロシア一国における社会主義の勝利の可能性を強調した一国社会主義論をふりかざして、トロツキーの世界革命理論、永久革命論を冒険主義的として攻撃した。

六月、党務の表裏に精通したレーニンの政治局担当の女性秘書を解任。また、それまで「お前、おれ」で呼び合い、スターリンが「コーバ」と名乗っていた革命運動時代の暗い過去を知る秘書も解任（一九三七年の大粛清で銃殺）。

盗聴システムの設置に加え、秘書に命じて、レーニンが存命中というのに、そのすべての文書類を選り分け、スターリンに都合の悪い文書は廃棄させ、レーニンが他の党幹部を批判している文書は収集、保存させた。機密情報の独占がやがて独裁を生み、大粛清への土台となる（斎藤勉『スターリン秘録』）。

一九二四年一月二一日午後六時五〇分、ロシア革命の最高指導者ウラジーミル・レーニンが死去した。五三歳。直接の死因は脳出血だった。

スターリンの秘書だったボリス・パジャーノフはその回想録『私はスターリンの秘書だった』の中でこう記している。

「ヨシフ・スターリンはレーニンの死をことのほか喜んでいる印象を受けた。レーニンは権力への道の障害の一つだった。自分の執務室で、われわれ秘書の前で、スターリンは上機嫌で喜びに輝いていた。しかし、会議や集会では悲劇的に、悲しみに沈んだ偽善的な表情をしていた。『この、ろくでなしめが』と私は内心、思っていた」

レーニンの死は国際共産主義運動とソヴィエトの歴史にとって重大な出来事であっただけでなく、トロツキーの運命にとってもやはり決定的なことであった。スターリンとトロツキーの間で熾烈な闘争が開始されるとともに、トロツキー（派も含む）の党内での立場は深刻に悪化していった。

トロツキーはレーニン存命中の一月一八日、第一三回党協議会が終わるのを待たずに、医者から休暇をとって静養することを勧められ、妻と秘書を伴い、コーカサス地方のスフミ（スークーム）に赴いた。豪雪のため、列車の旅は長引くことになった。

途中、チフリス駅に到着した時、秘書が青ざめた顔をして、運命的なニュースを告げる暗号電報を手に列車の事務室に駆け込んできた。それは、スターリンからの、レーニンの死を告げる暗号電報だった。

「チフリス、ザカフカース非常委員会へ
至急伝達し受領時刻を連絡のこと。モギレフスキーかパンクラートフに直接解読させること。同志トロツキーに以下のこと伝達すべし。
一月二一日六時五〇分、同志レーニン急逝す。死因は呼吸中枢の麻痺。葬儀は一月二六日土曜日にとり行う。
一九二四年一月二四日　スターリン」

レーニンが死んだ。レーニンはもういない……。トロツキーは愕然とした。

彼はモスクワに戻ろうとしてクレムリンに電報で問い合わせた（トロツキーの『わが生涯』ではクレムリンと直接電話で連絡がとれたとある）。ところが、スターリンの署名のある次のような電信が届いた。

「葬儀は土曜日に行われる。貴殿は間に合わないと思われる。政治局は、貴殿の健康状態からみてスフミへ行かれるのがよいと考える。スターリン」

もはや葬儀には間に合わない。トロツキーはスフミへ向かう旅を続行することになった。そして、到着後ほどなくして、彼はスターリンの電報に騙されていたことに気づ

ウラジミール・イリイッチ・レーニン
（『写真集トロツキー』より）

黒海の保養地スフミでのトロツキー〔1924 年〕
(『写真集トロツキー』より)

く。というのは、彼のところに何も新しい情報が届かないうちに、レーニンの葬儀は、実際には一月二六日の土曜日ではなく二七日の日曜日にとり行われたからである。ということは、もしそのことをチフリスで知っていたとすれば、彼は異論の余地なく、どんな大雪だったとしても葬儀に出席できたはずだからである。トロツキーはまんまと一杯食わされ、大きな政治的意味を持つ葬儀への参列を阻まれたのである。

実はスターリンは一月二六日に開かれた全連邦ソヴィエト大会で誓いの言葉を述べた中で、「守護者」および正当的レーニン主義者の役を引き受けると表明した。チフリスで悲劇的な知らせを受けたトロツキーは『プラウダ』紙に電信で、次のような真情を吐露した一文を送っただけだった。

「われわれはどうやって前へ進むのか。道を探し出せるのか。迷子になりはしないのか。いま、われわれの胸はなぜ、こうも悲しみに張り裂けるのか、われわれ全員が歴史の偉大な恩寵により、レーニンの同時代人として生まれ、彼とともに働き、彼に教えを請うたからだ……。どうやって前へ進むのか。――レーニン主義の明かりを両手に持ち……」

喪中の日々にトロツキーがモスクワにいなかったことは、市民とりわけ党員の間に極めて芳しくない印象を与えた。多くの人たちは理解に苦しみ、これをレーニンの思い出に対する不敬の行為とみなした。大げさに言えば、恐らくこれがトロツキー敗北の端緒となった決定的な契機だったと言えよう、とＤ・ヴォルコゴーノフは著書『トロツキー・その政治的肖像』（下）で指摘している。

トロツキー夫人ナターリャ・イワノーヴナも次のように記している。

「友人たちは、レフ・ダヴィドヴィチ（トロツキー）が旅行途上で踵を返してくると思い、モスクワで待機していた。スターリンが電報で彼の帰路を中断するなど、誰も考えつかなかった。私は息子の手紙を思い出す……私たちの息子は、いらいらしながら、私たちが到着するのが見えるまでひたすら待っていたそうだ。その手紙には、彼の動揺、苦しみ、一種の非難が感じとれた」

『わが生涯』の中で、トロツキーは「レーニンの死のニュースの後では、未亡人クループスカヤに当然送るべき慰問の言葉を書くことができなかった。なぜならどんな言葉も結局私にとって空疎に思われたからだ」と述べている。だから、レーニン未亡人から葬儀の二日後、一通の手紙を受け取った時、トロツキーはいっそう感動と感謝の気持ちで一杯になった。

「親愛なるレフ・ダヴィドヴィチ

私は、ウラジーミル・イリイチが死の一ヵ月ほど前にあなたの本に目を通しながら、あなたがマルクスとレーニンの特徴づけ（評価）をしている個所で手をとめて、私にその個所を読み返すようにと頼み、とても注意深く聞き、あとでもう一度自分で目を通したことを、お話ししたくてお便りした次第です。

さらにもう一つお話ししたいのは、あなたがシベリアからロンドンの私どものところへいらした時に、ウラジーミル・イリイチがあなたに対して見せた態度が死ぬまで変わらなかったということです……。

N・クループスカヤ」

一月二一日はレーニン忌となり、ペトログラードとなっていた昔のペテルブルグは、レニングラードと命名された。さらに、レーニンの遺体は防腐処理を施して、クレムリンの霊廟に安置されることになり、表敬訪問と巡礼の対象となった（現在も残る大理石製のレーニン廟が完成したのは一九三〇年一一月である）。

トロツキーは『わが生涯』の中で憤慨しつつ、「革命的意識におよそふさわしくない、むしろそれにとって侮辱的な廟」について語っている。

「レーニンはもはや革命の指導者とはみなされなくなり、彼は教会的な位階秩序の第一人者とみられるに過ぎなくなった」

春になると、トロツキーは健康も回復に向かってきたので、モスクワへ帰ってきた。

アイザック・ドイッチャーの『武力なき予言者・トロツキー』によると、党は五月の最後の週（五月二三日―三一日）に開かれるはずの第一三回大会の準備をしているところだった。五月二二日には、中央委員や古参代議員たちが集まって、その時までクループスカヤ未亡人が保管していたレーニンの遺言書の内容に接した。遺言書の朗読は青天の霹靂《へきれき》のような効果を及ぼした。列席していた者たちは、困惑しきった面持ちで、レーニンがスターリンの粗暴さと不忠実さを酷評し、彼を書記局から解任するよう党に勧告している部分に聞き入っていた。スターリンは致命的な打撃を受けた形だった。ところが、今度もスターリンは彼の運命を手中に握っていたカーメネフとジノヴィエフが早速、救助の手をのばしてくれた。彼らはスターリンを今の地位に留任させてくれるように同志たちを説得した。二人はあらん限りの熱情と俳優的な才能を傾けて説きつけた。

すべての者の眼は今はトロツキーに釘付けにされた。この男は立ち上がって、こうした茶番劇をぶちこわし、レーニンの遺言を尊重しろと要求するだろうか？

ドイッチャーは書いている。

「トロツキーはひとことも口を出さなかった。表情たっぷりな苦笑を浮かべ、肩をすくませて、眼前の光景への軽蔑と嫌悪感を伝えただけだった。彼としては、自分自身の立場に明白な関わりのあり過ぎる問題だけに、口を出す気になれなかった。結局、スターリンに関するレーニンの勧告は無視することに決定された。だが、無視するとなると、レーニンの遺言書は発表できないことになるわけだった。……そこで、中央委員会は、クループスカヤの抗議をはねのけ、圧倒的な多数で遺言書の発表を禁止する決議をした。トロツキーは嫌悪感に身体も麻痺し凍りついたかのように、最後まで沈黙を守っていた」

レーニンの死後、トロツキーとスターリンの闘争は一方的性格を帯びた。スターリンはもっぱら攻撃をし、トロツキーは防戦一方に立たされた。明敏な人々の目にはすでにトロツキーの敗北は明らかであった。

まずスターリンは陸海軍を率いるトロツキーを恐れていた。

一九二五年一月、トロツキーは軍事人民委員と共和国革命軍事会議議長のポストを解任された。解任はトロツキー不在の場で決められた。

その時、「三人組」（トロイカ）に仲間割れが起ころうとしていた。ジノヴィエフとカーメネフはスターリンを支持しながら、自分たちが党内の官僚主義体制を強化させ、独裁者のための地歩を固めてやっていることに次第に気づいていた。二人はトロツキーに近づいた。

一九二五年一二月、第一四回党大会でジノヴィエフは反対派の側から副報告を行い、官僚主義的危険について党に警告した。より強い印象を与えたのはカーメネフの勇敢な演説であった。

「……われわれは、『首領』（独裁的な指導者）という理論を作ることに反対である。……私個人はこう考えている。われわれの書記長は旧ボルシェビキ本部を自分の周囲に結集できる人物ではない、と」

一九二六年一〇月、トロツキーは、党中央委員会と中央統制委員会の合同総会でレニングラード党組織の提案により政治局員を解任（除名）された。

二人はともに一九三六年のスターリンによる大粛清で処刑されている。

トロツキーはなぜ政治局員を除名されることになったのか。

ヴィクトル・セルジュはトロツキーの妻ナターリャから聞いた話として次のような説をあげている。

トロツキーは党の最高執行機関である政治局を除名される少し前、政治局の会議でスターリンとある問題で激しく対立した。どうやら、スターリンが第一五回党協議会で反対派は悔いる必要があるという問題を提起したことかららしい。トロツキーは激しく怒って反論し、党における専制は許されないと強調した。口論の最高潮はトロツキーがスターリンに投げつけた次の言葉であった。

「第一書記はまるで党の墓掘り人になりたがっているみたいだ！」

まさに的を射た、しかし口にしてならない言葉だった。

スターリンは真っ赤になり、ついで蒼白になると眼の色が変わった。言葉につまった彼はみんなの顔をじろりと眺めると身を翻し、ドアをバタンと閉じて部屋を走り出た。

トロツキーが帰宅すると同志たちが駆け寄ってきて口々に、「どうしてあんなことを言ったのか？　今やスターリンは不倶戴天の敵だ。彼は決してこの侮辱を忘れないだろうし、また許さないだろう」と言った。トロツキーは顔面蒼白だったが平静だった。彼は片手を振っただけだった。言ってしまったことはもはやどうにもならない！　みんなにはわかった。決裂は決定的だと。

一九二七年、十月革命一〇周年のこの年は、トロツキーが次から次と敗北を喫した年である。スターリンらはコミンテルン執行委員会幹部会の合同会議でトロツキーに先制攻撃を加えることを決定した。その前夜、スターリンは共通の態度をとりまとめるために執行委員会のメンバーたちと会った。トロツキーをコミンテルンから追い出すことが決まった。

会議は一九二七年九月二七日に開かれた。除名提案が採択に付され、全員一致でトロツキーはコミンテルン執行委員会から除名された。だが、これが最後の敗北ではなかった。

一〇月二一日―二三日、トロツキーは彼にとって最後となる党中央委員会と中央統制委員会の合同総会に呼ばれた。これ以後、ロシア革命の英雄たる彼が、ボルシェビキ本部に現れたことはない。

会議は大荒れの進行となった。トロツキーが発言を許されて話し始めた途端、叫び声や騒音が沸き

ヨシフ・ヴィサリオノヴィッチ・スターリン

起こり、野次が飛んだ。「嘘つき」「おしゃべり」「裏切り」「中傷」という叫び声ばかりではなく、本やインキ壺、コップなどがトロツキーめがけて飛んできた。

それでもトロツキーは演説を止めなかった。

「諸君はわれわれを中央委員会から除名したいと思っている。われわれはこの措置が路線の発展、より正しくは路線の崩壊という現在の段階から全面的に発するものだと納得している……。レーニンが書いていたところの粗暴と無法はもはや単なる個人的性質ではない。これらは支配的分派の、その政策の、その体制の性質となってしまった……。書記長としてのスターリンは、そもそものはじめからレーニンに危惧を抱かせていたところだ。『この料理人は辛い料理しか作れないだろう』――第一一回党大会の時レーニンは内輪の人たちの間でこう語っていた……」

スターリンは、平然と席にあって、時々議場を見やっては自分の大弁論の原稿の手直しをしていた。時折、この数年の間に痩せ細ったトロツキーに目をやりながら、報告書の余白に多数の狼の絵を書き、次いでペン立てから赤鉛筆をとると狼の群れの背景を赤く塗っていった……。

ついにトロツキーは中央委員会の、その席を失った。これが運命の年の二番目の公的敗北であった。この一九二七年一〇月二三日が、トロツキーとスターリンが互いに顔を見た最後の日となった。

だが、トロツキーは屈伏しなかった。彼はこれまで通り反対派の集会に顔を出し、声明や抗議文を書き、トロツキスト・グループの活動家に指示していた。

十月革命一〇周年の日が近づきつつあった。トロツキーはカーメネフ、ジノヴィエフらと相談して、彼の支持者の縦隊を作ってデモに参加することを提案した。レニングラードをはじめ、いくつかの都市では、「各自のスローガンを掲げてデモに参加することによって反対派の強固なところを見せる」よう回状がまわった。

しかし、デモの日、彼の支持者の隊列はモスクワでもレニングラードでも少数だった。

スターリンはすでに必要な措置を命令済みだった。デモ隊は警察と合同国家保安部学校および陸軍大学の聴講生たちに包囲された。トロツキーは殴打を伴う反対派デモ隊の解散に抗議する手紙を政治局に送った。トロツキーは調査とその結果の発表、犯人の処罰を要求したが、有罪とされたのはトロツキーと彼に指導された反対派であった。

一一月一四日（一五日?）、スターリンの提案により中央統制委員会はトロツキーほか数人の反対派メンバー（ジノヴィエフも含む）を「反革命行為」のかどで党から除名した。

一一月一六日、古参ボルシェビキでトロツキーの忠実な支持者アドリフ・アブラモーヴィチ・ヨッフェがピストルで抗議の自殺を遂げた。

一七日、トロツキーはヨッフェの葬儀に参列した。友人や同志たちの挨拶のあとでトロツキーが短い弔辞を述べた。結びは次のように感銘深く締めくくられている。


「闘いは続いている。それぞれが自分の部署にとどまっている。去る者はいない」

これが祖国でのトロツキーの最後のスピーチとなった。

一二月末、秘書のI・M・ポズナンスキー（一九三八年、ヴォルクタで銃殺）が合同国家保安部（KGB、ゲ・ペ・ウ）に呼ばれ、アストラハンに出発するようにという提案をトロツキーに伝達するよう申し渡された。トロツキーはすぐその日政治局に書簡を送り、健康に差し障りない限り、国内のどこでも仕事をするつもりであるが、アストラハンへは出発するわけにはいかない、湿潤な気候がマラリアの病気によくないから、と拒否した。

一九二八年一月三日、ゲ・ペ・ウはトロツキーに出頭を要求したが、トロツキーはそれを無視した。それから九日後の一月一二日、合同国家保安部の下級係官がトロツキーを呼び出し、刑法五八条により、つまり反革命的活動によって、中国との国境に近いトルキスタンのアルマ・アタに追放することを通告した。

係官は単調な声で読み上げた。

「反革命活動の罪で市民レフ・ダヴィードヴィチ・トロツキーをアルマ・アタ市に追放する。滞在期間は未定。出発期日は一九二八年一月一六日」

トロツキーはうつろな表情で、部屋の壁を見回して、ひとことも言わず部屋を出て行った。心中何の動揺も後悔もなかった。彼はとうに自分の進む道を選択していた。その道を最後まで歩き通すのみだ。

旅支度が始まった。まだ降参していなかったか、追放されていなかった反対派のリーダーたちがひきもきらずやってきた。一月一六日までに支度は終わった。トロツキーは彼のすべての書類、書籍、保存資料文書類の梱包をとくに慎重に頼んだ。その数は二〇箱をこえた。

一六日朝、トロツキー夫妻、息子たち、ヨッフェ未亡人、親戚の者二、三人が集まり、トロツキーが連行される時を待っていた。出発は午後一〇時と決められた。

トロツキーを見送る群衆が、何千人も集合していた停車場からやってきた。彼がくるはずになっていた列車のところで激しいデモが行われていた。大勢の人間が線路に身を横たえ、列車は出させないと頑張っていた。警官は彼らを排除し、彼らを解散させようとしたが、政府当局はデモが危険な方向をとったのを見て、追放を二日間延期すると宣言した。反対派は成功を祝って、二日後にも同じようなデモを繰り返す計画をし、それぞれ散会した。

ところが翌日に合同国家公安部の係官の大集団が反対派の裏をかいてやってきた。トロツキーは中からドアに鍵をかけ、入れさせなかった。ついに将校は部下に命令してドアを叩き破らせ、どっと部屋になだれこんだ。数人の係官が抵抗するトロツキーを抱きかかえて階段をおろし、車へ向かった。トロツキーの長男リョーヴァは先に駆け降り、「見てください、みなさん！　トロツキーが無理やり連れ出されます！」と各階段のドアを次々とノックして叫んだ。少数の隣人たちの他には誰も見ている者はいなかった。

トロツキーと彼の家族たちは、みんな一台の警察の自動車におしこめられた。車は白昼、モスクワの街を疾走しながら、誰にも気づかれずに彼らを運び去った。カザン近くの人気のない停車場に到着、武装兵たちは列車まで歩くことを拒否するトロツキーを、停車場でぽつんと一台とまっている車両まで彼を引きずって行った。停車場は警官が警戒線を張って交通を遮断し、旅客の姿はひとりも見えなかった。次男セルゲイはゲ・ペ・ウと殴り合い、長男のリョーヴァは鉄道従業員を奮起させようとして叫んだ。

「同志諸君、見ろ、やつらは同志トロツキーをあんなふうにして連れて行くぞ」

従業員たちは乾いた目でじっと見ていた。だが、彼らからは抗議の叫び声ひとつ起こらず、つぶやき声さえ起こらなかった。

ナターリャ夫人がこの日のことを次のように回想録に書いている。

「車はモスクワ通りを走って行きました。きびしい極寒でした。セリョージャ(次男のセルゲイ)は帽子をかぶっていませんでした。あわてていて帽子をとる間がなかったのです。みんなオーバーシューズを履かず、手袋なしで、トランクはおろか、カバンさえ持たず、手ぶらでした。私たちはカザン駅へではなくて、どこか別の方角——ヤロスラフ駅と思われる方角へ連れて行かれました……。

まったく人気のない駅に着きました。係官たちはアパートから出た時のようにL・D(トロツキー)を抱えて運んでいました。リョーヴァ(長男のレフ)はぽつんぽつんと立っている駅員に向かって叫びました。

「みんな、よく見てくれ。同志トロツキーがどうやって連れていかれるかを」……。

私たちは車両に乗り込みました。私たちのコンパートメントの窓の前とドアの前に護送係がいました。残りのコンパートメントは係官が占領していました。行く先は? わかりません。荷物は届きませんでした。機関車は私たちの車両だけ連結して動き出しました。午後二時でした。

環状線で無人の小駅に向かい、その駅でカザン駅からモスクワ発タシケント行きの郵便列車に連結されることになっていたようでした。五時に私たちはセリョージャ、ベロボロードヴァに別れを告げました。二人はここで列車をつかまえて、モスクワへ戻らねばならなかったのです。私たちは旅を続けました。私は寒気がしました。L・Dは快活な気分で、陽気と見えるほどでした。事態がおさまったからでしょう」（D・ヴォルコゴーノフ『トロツキー・その政治的肖像』）

ピシペク・フルンゼで、汽車の旅は終わった。そこからアルマ・アタまでの約二五〇キロにわたる道路は氷が一面に張っていた。風の吹きさらしの山嶽を越え、深雪の吹きだまりをぬい、砂漠の中の無人の小屋で一夜を明かしたりして、バスやトラックや橇《そり》、あるいは徒歩で旅しなければならなかった。

こうして一週間旅し続けた末、ついに一九二八年一月二五日午前三時、トロツキー夫妻、長男レフの三人はアルマ・アタ（当時は郡庁も置かれていない僻遠の田舎町）に到着した。現在カザフスタン共和国の首都でアルマトイと呼ぶ。ここでトロツキーは一年を過ごすことになる。

彼らははじめゴーゴリ通りの「七つの河」という宿屋（「ジェトィス」ホテル？）に泊められた。しばらくの間、セルムクス（トロツキーの秘書・タイピスト）とボズナンスキー（秘書）も同居していたが、間もなくこの二人はここで逮捕され、どこかほかへ追放された。トロツキーは自分の忠実な助手たちが逮捕されたことをひどく悲しんだ。

だが、ゲ・ペ・ウは、国家や党関係の重要な文書を含むトロツキーの膨大な図書や記録文書が、彼の手元に届くように取り計ってくれた。それはトラックいっぱいに満載されてアルマ・アタに到着した。

また、彼は自分が置かれている状態に抗議し、もっと宿舎を改善し、狩猟の旅行に出かける権利を与えることを要求、これでは自分の追放は投獄と変わらない、と不平を訴えた。抗議は効果があった。アルマ・アタに到着してから三週間すると、街の中央のクラシン通り七五番地にある四室のフラット

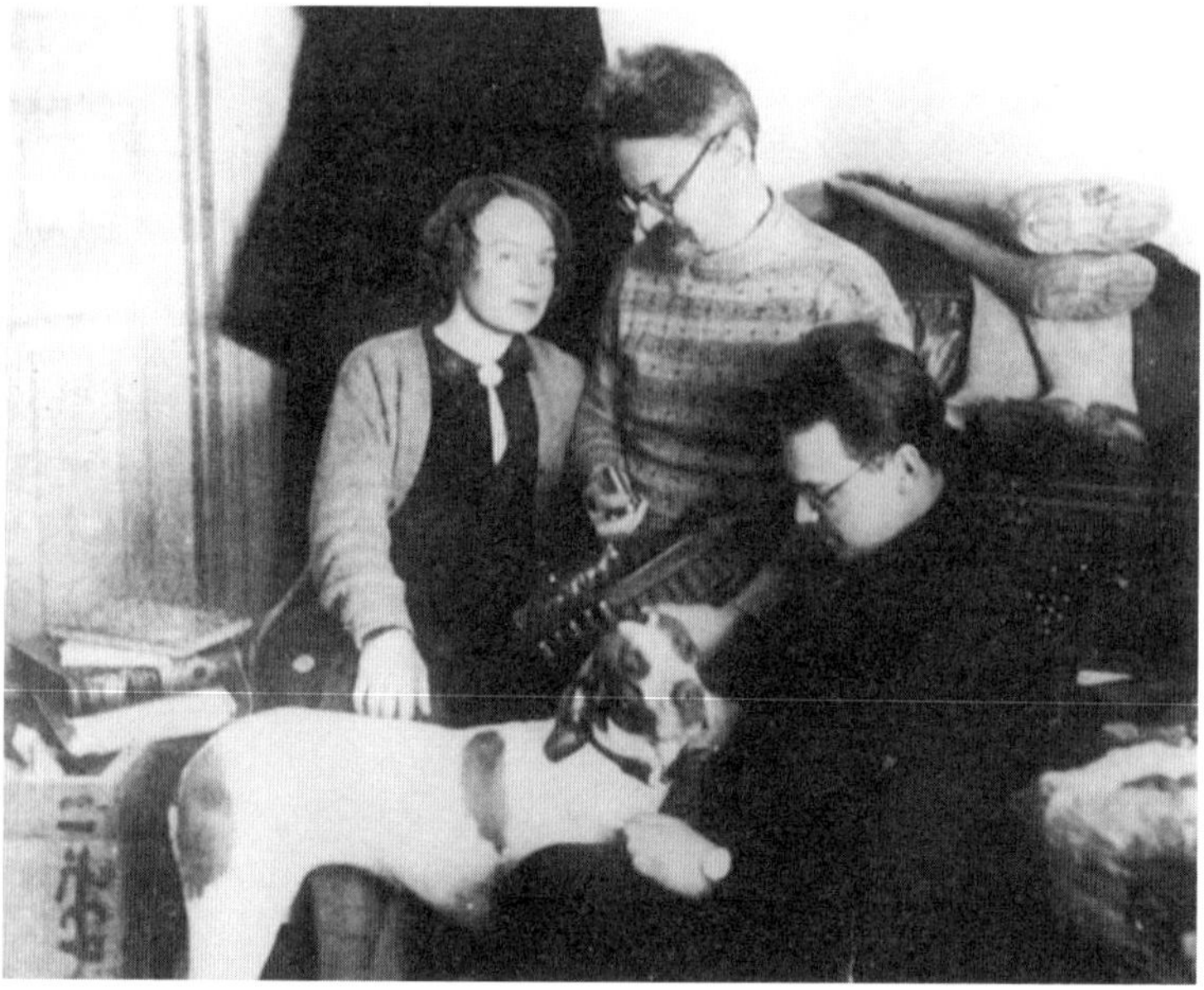

アルマ・アタでのトロツキー一家。左ナターリャ夫人、右長男リョーヴァ。
（『トロツキー自伝』より）

を与えられた。狩猟の旅に出ることも許された。

トロツキー一家は多少とも素朴な暮らしを整え、不撓不屈《ふとうふくつ》の革命家はすぐさま仕事にとりかかった。

アルマ・アタでの一年間の暮らしを妻ナターリャは次のように回想している。

「アルマ・アタでは、雪は美しく、白く、純粋で、乾いていた。徒歩もしくは自転車で、この地方を歩き回ることはできなかった。冬中、雪はその新鮮さを保っていた。春になると、雪にかわってひなげしが咲き出した。何とひなげしの豊富なこと！　それは巨大な絨毯《じゅうたん》のようだった。大草原は何キロにもわたって、ひなげしにおおわれ、生き生きした紅色に彩られた。夏は林檎であった。アルマ・アタで栽培される有名な品種で、大きな赤い林檎だった。町には水道も、電気も、道路施設もなかった。中心地でも、市場でも、泥道で、商店の階段でも、キルギス人が陽なたぼっこしながら、身体にたかったある種の虫を取っていた。マラリアは猖獗《しょうけつ》をきわめていた。ペスト患者さえいた。夏のあいだは、狂犬病の犬の数がぐっと増えた。新聞はこの地方における癩患者の続出を報じていた……こんな状態にもかかわらず、私たちはその夏を元気に過ごした。小高い丘の上の、ある園芸家の持ち物である丸木小屋を借りた（六月はじめ、アルマ・アタが熱波に襲われた時、一家は町のすぐ郊外の、山麓の丘にある丸木小屋にうつった）……」（ドイッチャー『武力なき予言者・トロツキー』）

「そこからの眺望は、雪をいただいた山々、天山山脈の枝脈にまで及んだ。家主の一家と一緒に、私たちは果実の成熟の見張りをし、穫《と》り入れの仕事も手伝った。庭は時期によっていろいろに変化した。まず最初は、白い花の真っ盛りだった。それから樹々は重くなり、垂れさがった枝々は支柱に支えられた。それから、果実が樹の下や、藁《わら》の床の上に、色さまざまな絨毯をひろげ、その重みから解放された林檎の樹が、ふたたび枝を高くもちあげる。こうして庭は、熟れた林檎や熟れた梨の匂いでいっぱいになる。蜜蜂や雀蜂がぶんぶん飛んでくる。私たちはジャムを作る準備をする。

六月から七月にかけては、林檎園や、からみ合った葦でおおわれた離れ家で、労働は休みなしに続いていた。こんなことは、この地方では前代未聞であろう。Ｌ・Ｄ（トロツキー）は共産主義インターナショナルの綱領批判を書き取らせたり、それを校正したり、写し直させたりしていた。郵便物はたくさんあった。一日に一〇通ないし一五通の手紙を受け取った。そのほか、あらゆる種類の論文、批評、内部の論争、モスクワのニュース、政治問題から健康問題にまで及んだ電報などが数知れずあった。世界の視聴を集めた大問題が、地方的の問題や小さな問題とごちゃごちゃに入り混じってやってきた。むろん小さな問題もまた、きわめて重要に思われた。ソフノスキー〔『プラウダ』および『ベターノ（貧農）』紙の大物記者。〈筆者注〉〕の手紙はつねに現代的興味のあるテーマを報告しており、いつもの熱意と辛辣さがみなぎっていた。ラコフスキー〔ヨーロッパ各国の社会主義運動とのつながりをもつ革命家。ロシア共産党中央委員。のち、左翼反対派の指導者。獄死。〈筆者注〉〕の注目すべき手紙は写しをとって、他の人々へも送った。天井の低い小さな部屋はテーブルや、原稿の束や、ボール紙や、新聞や、本や、写真をとられたテキストや、切り抜きなどでいっぱいになった。リョーヴァ（長男）は一日中、馬小屋の隣にあった自室から出ないことがあった。タイプライターをたたいたり、タイピストのたたいたものを校正したり、封筒に入れたり、発送したり、手紙を受け取ったり、引用する必要のある文章を探したりしていた。ひとりの傷痍軍人が町から馬にのって、郵便物を私たちのところへ持ってきてくれた。夕方になると、よくL・Dは鉄砲をもち、犬をつれて出かけた。私やリョーヴァをお伴に連れて、山へ行くのだった。鶉《うずら》や、山鳩や、赤鷓鴣《あかしゃこ》や、雉子《きじ》などの獲物があった。例によってマラリアが近くに発生するまでは、すべてが順調に行っていた。

こんなふうにして、私たちはアルマ・アタで一年過ごした。中国の国境に近く、天山山脈の麓にある、地震と洪水の町。鉄道から二五〇キロ、モスクワから四千キロはなれた町で、手紙と、本と、自然に取り囲まれて暮らしたのです」（トロツキー『わが生涯』下）

第三章　査証なき亡命の旅へ

スターリンによってモスクワから四千キロ離れたカザフスタンの辺境の地アルマ・アタに追放（流刑）されたトロツキーは、それでも反対派の活動を精力的に続けていた。トロツキーの長男レフ・セドフ（リョーヴァ）は、届いた手紙の整理、トロツキーの返事の発送といった、いわゆる「文書課」の仕事を行っていた。

トロツキーの自伝『わが生涯』には息子リョーヴァがとったノートから外界との連絡の統計が若干紹介されている。

「一九二八年四月から一〇月まで、私たちはアルマ・アタから約八〇〇通の政治的手紙を送った。このなかには、きわめて範囲の広い作品系列がある。また私たちは、約五五〇通の電報を送った。受け取った政治的な手紙は、長短合わせて千通以上、電報は約七〇〇通である。電報は大部分、グループによって発送されていた。これらはすべて、主として流刑地に流布されていたが、私たちの追放によって、手紙は国内の他の場所にも滲透するようになった。ところで、一番好都合な月にも、私たちの手に届く通信は半分しかなかった。その上、モスクワから八つか九つの秘密郵便、つまり、特別の密使によって私たちの手に達せられる資料や陰謀の手紙などを、私たちは受けていた。そしてそれと同じ数だけ、私たちもモスクワに手紙を送っていた。秘密の郵便局によって、私たちはあらゆる事件と接触を保っていたし、非常な遅延を伴いはしたが、主要な事件に反応を示すこともできた」

春になって彼は先妻との間で生まれた長女ジーナからの手紙で、次女ニーナが重病であることを知った。二人とも暮らしにひどく困っていて、間借り生活をして絶え間ない追及を受けていた。二人は熱烈な父親の信奉者で、父親に襲いかかった運命の痛撃を極めて重く受け止めていた。ニーナの夫は彼の流刑の少し前に逮捕され、彼女自身も「トロツキストの信条のかどで」党を除名され職も失っていた。彼女は重病だった。姉のほかに助ける者はいなかった。

しかるべき医療を何も受けられないまま、一九二八年六月九日、ニーナはモスクワで死んだ。急性結核が不意に彼女を襲い、数週間で彼女の命をさらっていった。享年二六だった。彼女が病院から父親トロツキーに書いた手紙は、到着するのになんと七三日もかかり、着いた時にはすでに彼女は死んでいた。ニーナの子供たちはアレクサンドラ・リヴォーヴナ（ジーナとニーナの母親であるトロツキーの先妻）のもとに引き取られた。

トロツキー夫妻は七月いっぱい、長女ジーナの到着を待っていた。しかし残念ながら、それはあきらめねばならなかった。彼女も重病となっていたのだ。Ｆ・Ａ・ゲティエ（クレムリンにおいてトロツキーおよびレーニンの個人医師。一九三八年逮捕、処刑）は、彼女が結核患者用サナトリウムに直ちに入院すべきことを厳命した。彼女の病気はもう長いことになる。それに、最後の三ヵ月間、断末魔の苦しみを味わい続けた妹ニーナを看病しなければならなかったので、彼女の健康状態は目に見えて悪くなったのである。

一〇月に入ると、トロツキーをめぐる状況に著しい変化が起きた。トロツキーの同調者、友人、はてはモスクワの親族とさえ、連絡がぱったりと止まったのである。

アルマ・アタのある団体の運転手で、トロツキーの「伝書使」が突然姿を消した。のちに明らかになったところでは、逮捕されたのだった。それまでは公衆浴場で会い、そこで気づかれぬように互いに書類包みを手渡していたのだ。トロツキーは今や情報「飢餓」にあった。

実は、トロツキーの、あるいはトロツキー宛ての手紙はいずれも開封され、調べられ、コピーされ、それらを一括して合同国家保安部（ゲ・ペ・ウ）の特別グループがメジンスキー長官を通してスターリンに報告していた。スターリンは自分の秘密警察の月間概要報告を読んでは、ますますソ連領内でのトロツキーのどんな政治活動にも「終止符を打つ」必要があると確信していた（D・ヴォルコゴーノフ『トロツキー・その政治的肖像』下）。

一二月一六日、ゲ・ペ・ウの特別代表委員がアルマ・アタにやってきて、その官庁の名において、トロツキーに最後通牒を手交した。

その書簡の内容は次のようなものだった。

「国内における貴下の同調者の活動は最近明らかに反革命的性格を帯びてきた。貴下がアルマ・アタにおいて置かれている状況は、その活動を指導する完全なる可能性を提供している。従って、ゲ・ペ・ウ当局は貴下の目下の活動を中止するという厳密なる約束を要求することに決定した。さもなくんば、当局は貴下の生存条件の変更を余儀なくされるであろう。即ち、貴下を政治的生活から完全に隔離することが必要となり、従って貴下の居住地の他、地方への移転問題が惹起されるであろう」

トロツキーはその最後通牒に対して、党中央委員会および共産主義インターナショナルへ宛てた書簡をもって答えた。その最後はこう結ばれていた。

「(共産主義インターナショナル)第六回大会(七月一七日~九月一日開催)へわれわれの提出した『宣言』(声明)の中で、われわれは今日、私に発せられた最後通牒を予想していたかの如く、次の言葉をそのまま書いた。『革命家にそのような放棄(あらゆる政治的活動、即ち党と国際的革命に奉仕しないという決意)を要求することは、決定的に誤った官僚体制によってのみ可能なのである。そのような契約は、あわれむべき堕落漢によってのみ為されるものである』

私は当時言った言葉に何一つ変更を加えることはできない。

人間にはそれぞれ運命というものがある。諸君はプロレタリアートに敵対する階級勢力によって吹き込まれた政策を遂行し続けようとしている。われわれはわれわれの義務を心得ている。われわれはそれをあくまでも完遂するであろう。

エル・トロツキー　一九二八年一二月一六日　アルマ・アタにて」

この回答の後、何の変化もなく一ヵ月が流れた。モスクワのゲ・ペ・ウの代表はアルマ・アタにとどまって訓令を待っていた。

翌一九二九年一月半ば、スターリンは政治局で初めて不意にトロツキーを隔離する必要があると言い出した。ブハーリン（モスクワのボルシェビキのリーダー。その後、共産党左派のリーダー）が異議を唱え、ルイコフ(古参のボルシェビキ。レーニンのもとで人民委員会副議長)とトムスキー(「右派」三人組の一人。一九二九年除名。一九三六年、逮捕前日、自殺）もそうした措置はあまり妥当ではないと疑念を表明した。他の者はスターリンを支持したが、留保条件つきだった。全体としてばらばらだった。そこでスターリンはデスクからアルマ・アタに届く反対派の郵便物、毎月トロツキーのもとを訪れる連絡員の数についてのメジンスキー（ゲ・ペ・ウの幹部）の参考資料を引っ張りだし、トロツキーの数通の手紙の抜粋を読み始め、いつもの彼らしい言い方で終えた。

「中央委員会と党から追放されたが、変節漢は教訓を引き出さなかった。まあ、よかろう。なにもしないで、トロツキーがテロか反乱を組織するのを待つのかね？」

全員がぴたりと口を閉じた。そこでスターリンが決意を表明した。

「国外追放を提案する」

スターリンの指令で追放先が打診された。どこの国も伝説的な革命家＝反乱煽動者を受け入れようとはしなかった。最後にトルコ政府と話がついた（D・ヴォルコゴーノフ『トロツキー・その政治的肖像』下）。

一月二〇日、アルマ・アタに滞在し訓令を待っていたゲ・ペ・ウの代表ヴォリンスキーは、武装した多数のゲ・ペ・ウ部員を率いて姿をあらわし、家のすべての出入り口をかため、一九二九年一月一八日付のゲ・ペ・ウ議事録からの抜き書きをトロツキーに手交した。

「審議事項＝反革命のかどにより、刑法第五八条第一〇項の罪に問われたる、市民、レフ・ダヴィドヴィッチ・トロツキーの事件、本件は非合法的反ソヴィエト党組織において生じたるものにして、その組織的活動は最近に至って反ソヴィエト大衆行動を惹起しソヴィエト権力に対する武装蜂起を準備せんとしたものである。

決定＝市民、レフ・ダヴィドヴィッチ・トロツキーはソヴィエトから追放するものとす」

その後で、彼がこの決定を知ったことの証明として書類に署名することを求められた時、彼は次のように書いた。

「本質的に犯罪的であり、かつ形式的に非合法なる、ゲ・ペ・ウのこの決定は、一九二九年一月二〇日小生に通告された。トロツキー」

さて、どこへどのようにして追放されるのか知りたいと要求すると、ヨーロッパ・ロシアの国境で出迎える手はずになっているゲ・ペ・ウの代表から通告されるだろうとの返事であった。

その翌日は丸一日中、そのほとんどが原稿と書物ばかりである財産を荷造りするために夢中になって働いた。

二二日の夜明け、彼らは護送隊とともに乗合バスに乗り込んだ。バスは除雪された道をグルダイ山脈の峠まで彼らを運んで行った。頂上は新雪の吹き溜まりができて、吹雪であった。グルダイ山脈を越えるため、彼らを綱で曳いて行くことになっていた強力なトラクターが、曳いていた七台の自動車もろとも雪だまりの中に首まではまり込んでいた。彼らはやむなく荷物全部を持って荷橇《にぞり》に乗り換えた。約三〇キロ行くのに、七時間以上を要した。峠を越えると、再び自動車に移り、それからビスベックで鉄道に乗った。

彼らが追放されることになった場所が、トルコのコンスタンチノープルであるとの通報を直通電話で受け取ったのは、アクチュビンスク地方においてだった。トロツキーはモスクワの二人の家族、次男セルゲイとその嫁（あるいは長男リョーヴァの妻？）に面会することを要求した。彼らはリナズスク停車場に連れてこられ、そこでトロツキーたちと同じ指揮下に置かれた。

トロツキーはコンスタンチノープル行きを真っ向から拒絶した。ゲ・ペ・ウの新しい代表者ブラノフは直通電話でモスクワと協議した。列車は行く方向を失って、のろのろと進み、やがて人気もない小さな駅のそばの、行き止まりの待避線で止まり、動かなくなった。そこで一二昼夜を過ごした。新聞によって、いわゆる「トロツキー主義者センター」に属する一五〇人を含め、数百人の人々が最近逮捕されたことを知ったのは、その時であった。それらの人々はみな、党の重要な闘士たちであり、十月革命の組織者たちであった。

二月八日、ブラノフは次のように通告した。

「私は貴君をコンスタンチノープルへ送るべく決定的な命令を受けました」

列車は再び進み始めた。

一〇日に、列車はオデッサに到着した。二週間、禁固の苦労をともにしてくれた次男セルゲイたちとそこで別れを告げた。永遠の別れであった。

トロツキーはセルゲイを抱擁してこう言った。

「悲しむことはない。世の中は変わりつつある。モスクワでも多くが変わる。私たちは戻る……必ず戻る！」

その港でトロツキーは自分を未知の世界へ運んで行く船に乗り込んだ。港の桟橋には、ほんの四年前には彼の指揮下にあった軍隊でぎっしり包囲されていた。まるで彼を愚弄するかのように、彼を待つ空っぽの汽船には、レーニンの姓――イリイチ号と船名が書かれていた！ 朝の一時頃、イリイチ号は錨をあげた。六〇マイルの間、砕氷船が彼らのために路を開いていった。

ドイッチャーはその著『武力なき予言者・トロツキー』「アルマ・アタの一年」の最後を、こう結んでいる。

「イリイチ号が錨をまきあげ、トロツキーが次第に遠ざかって行く岸を振り返って見た時、彼は今自分が後に残していこうとしているこの国全体が、凍って砂漠と化したような、そして革命そのものが凝結してしまったような気がしたに違いない。

帰りの通路を切り開く力も、人間砕氷船も、この地上には何一つなかった」

二月一二日、彼らはボスポロスに入港した。トルコ警察の士官が乗客の旅券調べに乗り込んできた。トロツキーはその士官にトルコ共和国大統領ケマル・パシャに伝送すべく、声明書を手交した。

「閣下、コンスタンチノープルの入口において、私は以下のことを貴下にお伝えする光栄をになうものである。即ち、私がトルコ国境に達したのは私の意志によるものではなく、私に加えられた暴力行為によってのみこの国境を通過するものである。

大統領閣下、願わくば、私の切なる感情を汲み、宜しとせられたし――エル・トロツキー

一九二九年二月一二日」（トロツキー『わが生涯』下）

この宣言は何の結果ももたらさなかった。汽船は湾内を進んで行った。その距離六千キロメートルに及んだ二二日の旅の後、トロツキーらはコンスタンチノープルに到着したのである。

岸壁ではソヴィエト領事館員二人が車を用意して待っていた。思いがけないことに、領事館員らは温かく迎えてくれた。トロツキー一家を二部屋に案内し、荷物を運び、高いポストの国家指導者に対するのと同じ配慮を見せた。約二週間、トロツキー一家は領事館で過ごした。

トロツキーはトルコに到着早々、フランス人の親友、アルフレッド・ロスメルと妻のマルガリータ（マルグリット）・ロスメルと連絡をとった。ロスメル夫妻はすぐさま新聞記者に知らせた。トロツキーは早速、西側の大新聞にトルコにきた理由や現況について数本の論評を書いた。論評はパリやニューヨーク、ベルリンで公表された。

トロツキーの論評が西側の新聞に掲載されたという電報がモスクワに届くと、トロツキーの状況は一変した。領事はモスクワからの厳しい訓令に従い、トロツキーに領事館から出るように言い渡した。さらに数日後には、直ちに出て行くよう求めてきた。

ある日、国内戦当時、トロツキーのもとで勤務していたことのある領事館員の一人が、機会をみてそっとトロツキーにこう言った。

「一番いいところは、マルマラ海のどこかの島でしょう。比較的安全ですし、それにコンスタンチノープルにも近いですから」

マスコミに自分の新しい住居が知られたので、この町で「隠れ家」を探していたトロツキーは、それはいい考えかも知れないと思った。

翌日の夕方には、新しい「隠れ家」が見つかった。マルマラ海に浮かぶ小島プリンキポ島だった(ヴォルコゴーノフの前掲書)。(しかし、一九三二年一〇月から一九三九年一一月までの七年間、トロツキーの秘書をつとめたジャン・ヴァン・エジュノールの『トロツキーとの七年間』によると、トロツキー一家はまずソヴィエト領事館に三週間滞在した後、三月五日、領事館を出て、ペラ通りのトカトリヤン・ホテルに数日滞在、その後、イスタンブール市シシリ区ボモンティ[正確にはイゼット・パシャ通り二九番地]の家具付きアパートに移り、四月末に、プリンキポ島の別荘イゼット・パシャ荘に引っ越した、となっている)。

プリンキポ島はマルマラ海の小さな群島プリンセズ(プリンス?)諸島の中で最も重要な島である。この群島は、人の住む主要な四つの島と小さな五つの無人島から成る。人の住む四島のうち、プリンキポはイスタンブールから最も遠い。距離はおよそ三〇キロで、イスタンブールのガラタ橋から出発する外輪船は他の島に寄港しながら、約一時間半でプリンキポの船着場に到着する。一日一本汽船が運航していたが、客は大抵二、三人ほどで、帰りの便で魚を運んでいた。

トロツキーがこの島を選んだのは、ちょっと皮肉である。これらの島々はかつてはビザンチン帝国の皇帝たちが、皇族のライバルや反逆者を幽閉した流刑島だったからである。

ドイッチャーによると、かれらは三月七日または八日に、この島の第一の村ビュユク・アダの海岸に上陸したという。

プリンキポ島は周囲四五キロだが、大部分は無人状態だった。人口は船着場の近くの村に集中し、ほとんど小さな町を形作っていた（ひなびた漁村だった）。島の北側の海岸沿いには別荘が立ち並び、西へ行くにつれて次第に疎らになった。島の南西部にはまったく人家がなかった。海岸から離れて島の内部に向かう道はかなり急坂だった。一番高い地点は海抜二〇〇メートルほどの高さで、そのあたりにギリシャ正教の修道院があった。島の内部は松の木に覆われ、松の強い香りがいつも空中に漂っていた。海と空は一日のさまざまな時刻に絶えず変化する鮮やかな色合を見せた。明け方や夕方には他では見られないような菫《すみれ》色や藤色が見られた。

エジュノールによると、トロツキー一家が借りた別荘「イゼット・パシャ荘」は島の北側の海岸にあり、船着場に近かった。

トロツキーの名は知れ渡っていたので、彼の著作を出版したいという出版社は少なくなかった。国外追放の当初に、「デイリー・エクスプレス」、「ニューヨーク・ヘラルド・トリビューン」、「ニューヨーク・タイムス」などの新聞に掲載された論文で、トロツキーは一万ドルを手にしたという。しばらく後に、自伝『わが生涯』の出版契約をアメリカの出版社と結び、前払い金七千ドルを受け取った。また、『ロシア革命史』を「サタデー・イブニング・ポスト」から出版することに合意、総額で四万五千ドルが支払われたという。当時にあってはかなりの金額だった。問題は、これから書き上げ、苦しまなければならないということだった。しかし、トロツキーが書くことを愛していたことを考えれば、これは彼にとっては望ましい「苦役」であった。

プリンキポでは筆が進んだ。とくに秋と冬の季節になると、島は人気がすっかりなくなり、公園にはヤマシギが姿を見せたりする。ここには劇場だけでなく、映画館もなかった。自動車の通行は禁止されていた。

彼は滅多に外出しなかった。この島に滞在していた四年の間に、ただ一度しかイスタンブールには行かなかった。海に近いことが、彼に必要な身体の運動（漁）をすることでたやすく満たしてくれた。漁といっても、釣り糸をたれて楽しむおとなしいものではなく、そのために家中の者が動員され、船を一艘持つことにしたほどの熱の入れようだった。家族にとって一種の行楽計画である。まず四メートルほどの網を張り、それからたくさんの石を船に積み込んで乗り出す。その石は水の中に投げ込んで網の中に魚を追い込むために必要なのだ。そうして、夕食のために、山ほどの魚をとって帰ることができれば、彼にとってとりわけご機嫌なのだった。

一九三〇年秋頃、自伝『わが生涯』脱稿。直ちに『ロシア革命史』の執筆準備にとりかかった。

またトロツキーはプリンキポにきてから小さなロシア語の雑誌『反対派ブレティン（会報）』を発行する準備にとりかかった。これは、彼が党内問題を討論するための主要な媒体となり、ソ連内の反対派と連絡する最も重要な媒介となるのである。これをプリンキポで編集し、最初はパリで、次にはベルリンで、ロシア人の印刷所を見つけて印刷する計画だった。まず、その第一号が七月、パリで発刊された。

その後、彼は自分の国際的支持者の組織作りにとりかかり、ベルリンに国際書記局を設ける計画を立てた。その理由の一つは『反対派ブレティン』の発刊がすでにパリからベルリンへ移されていたからである。彼と書記局との連絡役として、長男のリョーヴァがベルリンに行って、そこで父親の代表として、また「左翼反対派ロシア支部の代表」として活動することが決まった。

一九三一年一月八日、長女ジナイダー（通称ジーナ）が五つになる息子のフセヴォロト（愛称セーヴァ）を連れて突然ロシアからプリンキポへやってきた。彼女の夫プラトン・ヴォルコフは追放され、彼女自身も反対派に関係したという理由で、二回も警察に留置されていた。彼女は子供を一人だけ連れて行くことを許され、もう一人の小さな娘はスターリンへの人質として残してこなければならなかった。トロツキーの最初の妻（ジーナの母）は自分も嫌疑をかけられている日陰の身で、次女ニーナの二人の遺児を育てていたが、ジーナの幼児の世話も引き受け、ジーナにロシアを去り、父親（トロツキー）と一緒になって、外国で健康を回復するよう熱心に説き伏せたのである。

神経が壊れた敗残者となってプリキンポへやってきた娘を、父親トロツキーはこの上なく優しく迎えた。彼の子供たちのうちでも最初に生まれた彼女は、一番父親に似ていた。同じような角張った浅黒い顔立ち、同じようにきらきら光る目、同じ微笑、同じ冷笑的な皮肉と深い感情の流れ、そしてまた、彼と同じ不羈《ふき》独立の精神と雄弁も多少持っていた。彼女は父親の政治的情熱、闘志、激しい活動欲を受け継いでいるように思えた。

一九三一年二月一八日、息子リョーヴァがプリンキポを発ち、技術者としての勉強を再開するために、また革命運動に参加するため、ベルリンへ向かった。

その一〇日後、二月二八日から三月一日にかけての深夜、午前二時近くに家が火事になり、家族の持ち物とトロツキーの図書の大部分を焼いてしまった。しかし、トロツキーは燃え盛る炎の中から、自分の文庫と完成したばかりの『ロシア革命史』第一巻の原稿を救い出した。一家は近くのサヴォイ・ホテルに移り、エジュノールによると、そこで三週間過ごした後、三月末にプリンキポ島を出て、アジア側の対岸の小さな町カディケイのモーダという地区（正確にはシファ通り二二番地）の別荘に移り住んだという。

一方、ドイッチャーによると、ホテルで数日過ごした後、コンスタンチノープルの東端の、英米人の郊外住宅地コディコイにある、高い鉄条網の塀に囲まれた木造の家に引っ越した。そこで一家は、一年近く過ごしたという。そのコディコイに移ってから二、三ヵ月すると、また火事が起こり、今度もまた文庫はトロツキーによって急いで救い出された。一家は近くの納屋や小屋で夜露を避け過ごした。火事の原因はジーナの子供が屋根裏部屋で、薪やボロ切れやおが屑にマッチで火をつけて遊んでいて起こったことがわかった。

何週間かたつにつれ、ジーナの病気がまたぶりかえした。

彼女は両肺を侵されていた。そして、何度も手術を受けなくてはならなかった。東地中海の暑熱は彼女には耐えられなかった。彼女は追放されていた夫と、あとに残してきた子供のための心痛で、身を削られるほど苦しみ悩まされた。病気と心労の緊張で、彼女の壊れやすい神経の均衡が破れた。

「お父さんにとって、私は何の役にもたたない人間なんです」と彼女はしょっちゅう繰り返した。ますます募る忿懣と非難、自責、憂鬱、いよいよ昂ずる精神的混乱は、みんなの気持ちを暗くした。夏になって、彼女は近くの療養所で両肺の手術をした。帰ってきた時は体のほうは幾分よくなっていたが、しかし、彼女の不幸は少しも和らいではいなかった。

トロツキーは、同情に胸もつまり、心も掻き乱されて、自責とどうしようもない無力な思いのとりことなるのだった。

一九三一年秋（一〇月二二日）、ジーナは、医者の治療を受けるため、息子セーヴァを残してベル

コペンハーゲンからプリンキポに帰ったトロツキー夫妻〔1932 年〕
(『追放された予言者トロツキー』より)

リンへ行った。

エジュノールによると、トロツキー夫妻らが再びプリンキポ島に戻るは一九三二年一月のことである。

トロツキーが新しく借りた家は船着場から歩いて一五分、北側の海岸の、人家の疎らになり始めるあたりにあった。四、五〇年前に建てられたこの家は堅牢な造りで、恐らくイスタンブールの有力者の夏の住まいだったのだろう。家は広い長方形の庭を、通りの側と海の側に二分していた。庭の周りには二メートルほどの高さの石塀が巡らされていた。家の前の通りはハムラジ・ソカギという名の狭い道で、この道は下り坂となって海にぶつかり、そこで行き止まりである。

入口の小さな鉄の門を入ると、右手に小屋があり、そこに四名から六名程度のトルコ人の警官隊が常駐していた。

家の主要部分は一階と二階で、一階には玄

関のホールの奥に広い中央の部屋があり、大きな窓とガラス戸の向こうに海が見えるこの部屋は食堂に使われていた。入口のすぐ左側には警備用の詰所として使われていた部屋があり、その奥の部屋は、エジュノールが一九三二年一〇月にフランスから秘書として到着した時には、秘書兼護衛としてパリからきたピエール・フランクと、ライプツィヒからきたオットー・シュスラーの私室になっていた。右側には台所と、もう一つ部屋があった。二階の中央部分は幅広い廊下で、その突き当たりは海に面したバルコニーだった。廊下の両側の壁には作り付けの本棚があり、本や資料がぎっしり詰め込まれていた。廊下の左側にはトロツキーとナターリャの専用の浴室があり、つづいて二人の寝室があった。右側には、プラハからきたヤン・フランケルとエジュノールの部屋があり、次に彼らが事務室と呼んでいた小さな部屋があった。そこはロシア人女性のタイピスト、マリヤ・イリイニシナ・ペヴズネルの仕事場であり、きちんと整理された手紙類が置かれていた。彼女はイスタンブールのアパートに住み、朝出てきて夕方帰るのだった。海が荒れている日は、島の小さな宿サヴォイ・ホテルに泊まった。

そして、一番奥の角部屋がトロツキーの書斎で、そこは二方向に窓のある明るい大きな部屋だった。三階には新聞雑誌類を置いていた屋根裏部屋があり、料理人の寝室があった。この家には電話というものはなかった。緊急の場合は歩いて十分の距離にあるサヴォイ・ホテルの電話を利用した。家全体には家具類がほとんどなく、彼らは住んでいるというよりはキャンプをしているといった有様だった。

一九三二年二月二〇日、スターリンは「反革命的活動」を理由に、トロツキーからソヴィエトの国籍と、将来ロシアに帰ってくる権利を剥奪する布告を発表した。これは、いまだかつて前例のない報復であった。

トロツキーは中央執行委員会の幹部会に宛てた「公開状」で、この布告は非合法であると次のように応え、力を込めて強く訴えた。

「テルミドール的スタイルの完全なアマルガムであり、スターリンの個人的復讐の『無力でみじめな』行為である。諸君はこの不正な一片の紙切れでもって……ボルシェビキ的批判の増大を食い止められると考えるのか？　われわれがわれわれの任務を果たすのを妨害することができると、考えるのか？　われわれと同じ考えの人たちを威嚇することができると考えるのか？　反対派は、労働者が途上のぬかるみを踏み越えて、自分の工場へ行くように、二月二〇日の布告を踏み越えて行くだろう」

「スターリンの力は、つねに機関にあって、彼自身にはなかった。……機関から切り離される時……スターリンは何ものも代表しはしない……スターリンの神話と手を切るべき時であり、諸君が労働者とその仮物の党でなく、その真正な党を信頼すべき時である……諸君は〔スターリニストの道〕を、まだこれからも歩み続けたいと願うのか？　スターリンは諸君を袋小路に連れ込んだのである……全ソヴィエト制度を検討にかけ、党を異常に肥え太らせたいっさいの汚物を、党から仮借なく払い落とすべきである。少なくとも、『スターリンを除け！』という、レーニンの最後の、執拗な忠告を実行に移すべき時である」（ドイッチャー『追放された予言者・トロツキー』）

この支配的政党の打倒でなく、改革のために努力することを誓っていたトロツキーは、幹部たちに向かって訴えないわけにはいかなかったのである。

一九三二年一一月と三三年一月、スターリンは何人かを除名し、ジノヴィエフとカーメネフに破門を宣告、モスクワからシベリアへ追放した。二人がちょうど追放になった時、スターリンの妻ナージャ・アリルーエヴァが自殺した。彼女は、自分の夫が党と国家の問題を処理するやり方に対する自責の重荷のために崩れ折れたのである。

一九三二年六月初め、ヒットラーの突撃隊が騒々しく姿をあらわすと、リョーヴァはジーナにベルリンを去ってウィーンに行き、そこの、もっと平静な雰囲気の中で精神分析の治療を続けるよう強くすすめた。孤独に精も根もすりへらされるのを見て、医師たちは、せめて彼女がプリンキポに残してきた子供だけでも彼女の手元へ連れてきて、子供のことに専心させ、少しでも責任を持たせるようにして欲しいと言った。ところが、この子もまた、二月二〇日の布告の影響を受けた。わずか六歳のセーヴァは、公式の登録によれば、「無国籍政治亡命者」であった。旅行許可書や査証を領事館に何度申請してみても、子供は両親か祖父母の一人と一緒でなければ旅行できないという理由で却下された。

悲嘆にくれるジーナは、下層の下宿屋に移り住み、浮浪人や与太者たちの間に混じって生活する単純な女子労働者として働き、病身で、非常に貧しく、絶望していた。そして、手紙の中で、自殺すると言って父親を脅かした。トロツキーは父親として彼女に金を送ってやる以外、彼女の窮状を少しでも軽くしてやることができなかった。

一九三二年秋の初め（一一月初め）、デンマーク社会民主党の学生グループから、トロツキーは、コペンハーゲンにきて、十月革命一五周年記念日に講演するよう招聘を受けた。彼はデンマーク政府がはたして自分に査証を与えるかどうか疑ったが、しかし、今度は受け入れてくれた。査証がおりるやいなや、すぐさま旅行の準備にとりかかった。

トロツキー夫妻は孫のセーヴァを一緒にコペンハーゲンへ連れて行き、そこからウィーンに住むジーナのもとへ送り届けることができるだろうと期待した。ところが、イスタンブールのオーストリア領事館が本国からの特命待ちということで、子供のビザをなかなか交付しようとしなかった。

一一月一四日、トロツキー夫妻と三人の秘書は、セーヴァを秘書のエジュノールに託して、コンスタンチノープル港を出航した。セーヴァは「無国籍旅行者ミスタ・セドフ」とされた。

セーヴァについてはオーストリア本国からの特命がだいぶ遅れ、ようやく手続きが終わり、エジュノールがセーヴァを連れてマルセーユ行きの船に乗り込んだのは、一一月二三日のことだった。マルセーユでパリ行きの汽車に乗り、トロツキーのコペンハーゲン滞在中、パリに留まった。

一一月二三日、トロツキーはフランスのマルセーユ港に一時間上陸を許された後、ダンケルク港経由でデンマークに到着。「裏口からコペンハーゲンへ連れ込まれるように」、エスビェルクで上陸するよう命令された。港には共産党員の一団が彼に罵声を浴びせるために待ち構えていた。しかし、『ポリティケン』紙によると、「トロツキーが姿をあらわした瞬間、しーんと深く静まりかえった――歴史的大人物だという感じ、そしてまたおそらくは歴史的出来事だという感じが、支配した」。

講演は、妨害も混乱もなく終わった。彼はドイツ語で二時間、およそ六二〇〇人の聴衆に向かって講演した。講演の題目はロシア革命であった。熱心に聞き入る聴衆に向かって、ちょうど完成したばかりの『ロシア革命史』三巻の精髄を語って聞かせた。トロツキーが多少とも大勢の聴衆に向かって直接演説したのは、これが最後であった。

こうして、コペンハーゲンへの旅は無事終わり、一二月一二日プリンキポに到着、家で再び以前のような生活が始まった。

書棚やデスク、山と積まれた手紙や新聞は、彼をまた仕事にせきたてた。「プリンキポで、ペンを手にして仕事をするのは楽しい。ことに島がひっそりとなり、公園にやましぎがあらわれる、秋と冬はとくにそうだ」とのちに日記に書いている。窓のかなたには、魚の群れがすぐ岸辺までやってくる海が、まるで凪《な》いだ湖水のように見えた。興奮と騒ぎで騒然としていたこの数週間の後、自動車の警笛にも、電話のベルにも決して乱されることのない、島の静けさは、彼に憩いを与え、深い黙想に誘うのであった（ドイッチャー『追放された予言者・トロツキー』）。

この牧歌的なひとときは、不意に、冷酷に、断ち切られた。

一九三三年一月五日（六日昼間？）、息子のリョーヴァから両親に、姉ジーナが自殺したことを電報で知らせてきた。彼女は、わが子が自分のもとへ連れてこられてから一週間後に、自ら生命を絶ったのである。子供がいることは、彼女の神経を落ち着かせるどころか、逆に微塵に打ち砕いてしまったのである。

彼女が残した書類の間に、ドイツ語で書いた次のような書き置きがあった。

「私は自分の恐ろしい病気が愈々切迫しているのを感じる。こんな状態で、私は自分を信頼することができません。わが子の世話すらできない。たとえどんなことがあっても、あの子をここへ寄越してはならない。あの子はとても感じやすくて、神経質である。それに、あの子はB夫人〔下宿の女主人〕を怖がっている。あの子は今K夫人のもとにいる。〔次にアドレスが書いてある〕。あの子は、ドイツ語は一言も話せません。私の弟に電話して下さい」（日付不明）

彼女の発作的な精神錯乱は、いよいよ激しく、ますます頻繁に起こっていた。彼女は、自分の子供にとってさえ、何の役にも立つことができないことを知った。もはやこれ以上戦い続ける力がなかった。その上に、彼女は警察からドイツを立ち去るよう通告を受けたばかりだった。そして、この月が終わらぬうちに、ヒットラーがドイツ首相として歓呼の声で迎えられるのである。ナチズムの「恐るべき戦車」がドイツの労働者を粉砕するために登場しつつあった。「ホルスト・ウェッセルの歌」は、彼女の耳を聾し、彼女の祖国は彼女に対して閉ざされ、わが身は自分の家族から引き裂かれ、ドイツからは追われ、また新しい避難所を見つけるには、あまりにも病は重かった。ジーナは、自分の部屋に錠をかけ、頑丈にバリケードをしてガスの栓を全部開いた。彼女の最後の数分、苦悩から解放された意識が、彼女の顔に、幽かな微笑を浮かばせた。それは、ほっとした安らぎと平静の表情だった。時に、彼女はちょうど三〇歳であった。

ジーナが自殺した六日後、トロツキーはモスクワの党指導者たちに宛てて「公開状」を書いた。そして、二月二〇日の布告がジーナの精神をどんなに打ち砕いたかを詳しく述べた。

彼女は「自分の意志で死を選んだのではない――彼女は、スターリンによって死に追いやられたのである」「私の娘に対する迫害は、どんな政治的な意味も、影すらなかった――ここには無意味な、露骨な復讐しかなかった」。

悲嘆にくれるトロツキーは、怒りを押し殺しているような調子で、「公開状」を次のように結んでいる。

「私はこれ以上結論を引き出すことなしに、ただ事情を伝えるだけにとどめる。そのような結論を引き出す時はくるだろう――復活した党がそれを引き出すであろう」

レニングラードに住むジーナの母親（トロツキーの先妻）から、苦痛と非難と絶望の叫びが届いた。彼女は自分の子供を二人とも失ってしまったのだった。

トロツキー夫妻も秘書たちには何も言わず、何日も自分たちの部屋に閉じこもったままだった。数日後、再び仕事を始めるために部屋から出てきた時、トロツキーはやつれ果てていた。鼻の両脇には二本の深い皺が刻まれ、頭髪はすっかり白くなっていた。

ジーナの自殺から二週間後、一九三三年一月三〇日、ヒットラーが首相に就任した。

二月六日、トロツキーは、労働者階級は「どんな防衛戦も行っていないばかりか、退却している。明日は、この退却は、恐らく恐慌にとりつかれた総壊乱となるだろう」と言った（『反対派ブレティン』一九三三年三月、三三号）。

これらの言葉がまだ印刷され発表もされないうちに、早くもドイツの労働者階級の大衆組織、各政党、労働組合、多数の新聞、文化組織はことごとく破壊し尽くされていた。

この大敗北は直ちにトロツキー一家の運命に影響を与えた。『反対派ブレティン』はベルリンで発行を禁止され、リョーヴァは身を隠して、こっそり国境を越えて脱出しなければならなかった。

コミンテルンの執行委員会は、ヒットラーの勝利後の最初の会議で、ドイツ共産党の戦略と戦術は最初から終わりまで完全無欠であったと主張した。そして、どの共産党も、この問題について討議を始めることを一切禁止した。この禁止をあえて無視した党は、ただの一つもなかった。このあまりにも恐ろしい光景に衝撃を受けたトロツキーは、「ファシズムの霹靂にも目覚まされなかった組織は……死んでいる。これは復活させることはできない」と声明した。七月には、ドイツに新しい共産党を組織するだけでは足りない、新しいインターナショナルの基礎を築く時がきた、と宣言した。

彼は、ヒットラーが支配権を掌握したことに対して、スターリンとコミンテルンが責任の一半を負っていることを暴露し続けた。ヒットラーの無血の勝利とドイツ左翼の壊滅によって、大勢はソ連に不利に転じた。

しばらく前から、トロツキーのフランスの友人たち、ことに彼の翻訳者であるモーリス・パリジャニーンは、フランス政府に対して、トロツキーが一九一六年にフランスから「永久に」追放された命令を取り消し、彼に亡命を許すように迫っていた。トロツキーは悲観的だったが、文部大臣アンリ・ゲルニュに手紙を書いた。ゲルニュは閣僚の一人としてトロツキーの亡命の権利を弁護したからである。そして、トロツキーはトロツキーで、自分はフランスではできる限り慎重に行動し、政府には絶対迷惑をかけないことを厳粛に約束した。

いずれとも決定しないまま、何週間かが過ぎた。この間、彼は第四インターナショナルに関する自分の構想案を起草し、またフランスの政治問題や文学問題について小論文をいくつか書いた。

彼はフランスの査証の決定を促すため、七月七日、アンリ・ゲルニュに宛て、自分はフランス本国でなく、コルシカ島に滞在することを許されるだけの居住許可でも満足である、コルシカでもプリンキポにいるよりは、ヨーロッパの政治といっそう密接に接触することができ、多少ともゲ・ペ・ウの手から遠ざかるだろうから、と書いた。そして、彼のフランスの友人たちは、彼のフランスへの亡命許可を要求した。

彼らの執拗な主張は、間もなく報いられた。七月四日、パリジャニーンはトロツキーに手紙を書き、追放令が取り消されたことを伝えた。そして七月半ば以前に、トロツキーは査証を受け取った。それは決して無条件の居住許可ではなく、彼はただ南仏のどこか一つの県内にとどまることを許されただけで、パリへの訪問は許可されなかった。そして、厳重に変名を用い、厳しい警察の監視に服さなくてはならなかった。

しかし彼はこれらの条件を、信じられないほどの幸運として受け入れた。

今やついに彼はトルコの孤島から抜け出すのだ！　そして、生活と文化の様式が彼の性質にしっくり合った、あのフランスへ、今西欧の労働者階級の政治の主要な中心となっているあのフランスへ行くのだ！　希望に満ちた期待に胸をふくらませ、旅行の準備をしながらも、彼は四年半過ごしたプリンキポでの生活を振り返った。

「家は、すでにがらんとなっている。木箱は全部、階下におろされ、若い人たちが釘を打っているところである。私たちの古い、腐《く》ち荒れた別荘の床は、この春塗り替えたが、それがひどく奇妙な塗料で、四ヵ月たった今もなお、テーブルでも、椅子でも、私たちの足でも、ベタベタ張りついてばかりいる……妙なことに、私はまるで自分の足がプリンキポの土に根をおろしてしまったような気がする」（「出発を前に」一九三三年七月一五日）

トロツキーは、一九三三年七月一七日午後遅く、妻のナターリャ、マックス・シャハトマン、それからヴァン・ハイエヌールト、クレメント、サラ・ウェーバーの三人の秘書と一緒に、船足の遅いイタリア船ブルガリア号に乗船し、プリンキポを出航した。

陽が沈む頃、船はすでにマルマラ海を航行し、水平線の彼方に消えて行くイスタンブールの町を、トロツキーは上甲板から見守っていた。

マルセーユまでの航海は、丸一週間かかった。

一九三三年七月二四日朝、船はマルセーユに近づいた。

しかし、船はマルセーユのはるか港外で突然止められた。フランスの警察は、彼とナターリャは小さな引き船に乗り、秘書たちはマルセーユへ直航するよう命じた。トロツキーは秘書たちと引き離されることに不安を感じて抗議しようとしたが、その時、引き船の中にリョーヴァとレイモン・モリニエが自分を待っていることに気づいた。トロツキー夫妻は安堵の気持ちでゆっくりと船をおりた。

トロツキーは人目に立たぬようマルセーユの近くのカシ港に上陸した。そこから、数名のフランス人のトロツキストたちが一緒になって、ボルドーに向かって車を走らせ、それから北に転じて、大西洋のロアイアンに近いサン・バレーに向かった。そこには、モリニエが別荘を借りてくれていた。一方、秘書たちは、マルセーユに上陸して、トロツキーの文庫や文書、旅行荷物を船からおろし、それをパリに向けて発送し、自分たちもパリへと向かった。

トロツキーたちは、その日はジロンド県のある村の宿屋に泊まり、翌日の午後、やっとサン・バレーに到着した。

別荘に着くや、トロツキーは高熱を発して寝込んだ。ところが、ベッドについて一時間とたたないうちに大急ぎで着替えて家を飛び出さなくてはならなかった。火事が起こり、部屋が煙で一杯になったからである。ベランダも庭園も塀も、みな火炎に包まれた。

この到着早々の出来事には、なにかしら象徴的なものがあった。トロツキーのフランス滞在中、一再ならず彼の足もとから火事が起こり、彼は家から飛び出し、道路に避難しなければならなかった。しかし、サン・バレーの災難は、まったく偶然だった。その夏は、恐ろしく暑く、森や家の炎上したものが少なくなかった。

彼は匿名でいるという義務を負っていた。別荘の外には人の群れが集まった。見破られることを避けるため、彼は道路の反対側へ走って行き、道路ばたに止めてあったモリニエの車の中に隠れた。そして、妻や息子や友人たちが、風向きが変わったのに乗じて火を消してしまうまで待っていた。

彼は、七月五日から一〇月一日まで、ここサン・バレーに滞在した。その間、ずっと家の中にとじこもり、大抵ベッドに寝ていた。ナターリャによれば、彼の健康は何か問題が起こる毎に悪化した。そして、不眠症や頭痛、高熱に悩まされていた。

それでも、サン・バレーでの滞在中に、彼は五〇人を下らぬ訪問客と会った。大部分の訪問者は、八月末にパリで召集された、新しいインターナショナルの考えに関心を持つ政党やグループだった。

一九三三年八月、パリで開かれた会議には一四の党とグループが参加したが、第四インターナショナルの結成に原則的に賛成したのはわずか三つの組織だけだった。トロツキー自身は警備上の問題からこの会議には出席しなかったが、その結果にがっかりした。しかし、トロツキーを支持した三つの組織は、第四インターナショナルの結成に向けて作業を活発化し、その綱領を準備しなければならないとの決議を採択した。トロツキーは自分の支持者たちの中だけでプロパガンダを続け、著作活動をするしかなかった。

トロツキーがフランスに着いてからしばらくの間、フランスの作家アンドレ・マルローは「レオン・トロツキーの安全確保委員会」のメンバーだった。この委員会はトロツキーのために、護衛を雇う費用をまかなう資金を集めた。他の人たちと一緒にマルローも署名したアピールで、委員会は、「新しい社会の到来のために生涯を捧げてきた亡命家を、反動の銃弾に引き渡すことを拒否するすべての人々」に訴えた。このアピールに支持を与えた者のうちには、ロマン・ローランもいた。

しかし、フランス共産党機関紙『ユマニテ』は、政府がトロツキーの入国禁止措置を解いたことにしつこく抗議していた。

にもかかわらず、フランス政府は彼の行動の自由に対する制限を少しゆるめ、パリとセーヌ県以外ならどこにいてもいいという許可を与えた。

一九三三年一一月一日、一家はバルビゾン（パリから車で一時間）に移った。

しかし、一九三四年春（四月一六日か一七日）、トロツキーに対して、警察はもうこれ以上警備の責任がとれないとして、バルビゾンから立ち去るよう求めてきた。このあと、フランスには一年そこそこしかいなかったトロツキーにとって、もはや安住の地を見出すことはできなかった。

逃亡生活は、時として屈辱的ですらあった。顎鬚を剃り落とし、顔かたちを変え、変装したりしなければならなかった。息子のリョーヴァ（セドフ）の知人宅の屋根裏部屋に数日間潜んだりしたこともあった。フランスのナチ党員だけでなく、ゲ・ペ・ウもトロツキーの命を狙っていた。トロツキーは「狩り」の包囲の真っ只中にいたのである。

そこでトロツキーは居所を頻繁に変えた。時にはわずか一ヵ月で数回も居所を変え、ホテルを転々とした。しかし、どこへ行っても警察や無言の不審な人物たちがトロツキーの跡を追ってきた。

こうした放浪生活を三ヵ月近く続けたあと、七月初め、グルノーブルにほど近い小さな村ドメーヌへきて、この村の学校教師ボー氏の家に住むことになった。ようやくトロツキー一家は数ヵ月間（あるいは一一ヶ月近く）、執拗な監視の目から逃れて過ごすことができた。

しかし、トロツキー夫妻の生涯において、ドメーヌでの生活ほど孤独な時はなかった。民主主義のフランスで、彼らはプリンキポの時よりも、いや、アルマ・アタの時よりも遥かに自由がなかった。トロツキーは、毎日、秘書が新聞を持ってくるのが待ち切れなかった。

一九三四年一二月、キーロフが暗殺された。キーロフは古参のボルシェビキで、スターリンに献身する党官僚だったが、スターリンに抵抗する勢力の頭目とみなされ、スターリンによって暗殺されたのである。それによって、ソ連には恐るべき事態が差し迫っていた。ブルジョア新聞は連日、新しい逮捕、ソ連全土にわたる、また政治局周辺にいる共犯者一味の捜査など、悲劇的な出来事を伝えていた。

トロツキーは夜毎、ラジオにかじりつき、モスクワから途切れ途切れに伝わってくる放送に聞き入っていた。一九三〇年代半ば、すでに苛酷なテロ（スターリンによる大粛清）の波が広がりを見せ始めていた。キーロフ暗殺事件の後すぐ、トロツキーの最初の妻ソコロフスカヤ（アレクサンドラ・リヴォーヴナ）が逮捕され（一九三五年）、シベリア（最初はトボルスク、次にはオムスク州のセットルメント）に流刑となったことを、トロツキーは二、三ヵ月ほどたってから知った。三人の孫娘はウクライナの叔母のもとに預けられた。一九二八年以来追放されていたトロツキーの二人の娘婿ヴォルコフ（ヴォリコフ）とネベリゾン（ネヴェルソン）は流刑の刑期が近く満了するのを待っていたが、再び逮捕され、まもなく消息が途絶えてしまった。また、父親に反対していたために政治とは無関係な学者で技術者となった次男のセルゲイ・リヴォヴィッチ（セドフ、愛称セリョージャ）も逮捕され、監獄に入れられた（戦後になって、ナターリャはヴォルクタの収容所でセリョージャと知り合った人々と連絡をとりあうことができるようになった。彼らの話によると、セリョージャは一九三八年にその収容所から引き出されてモスクワに連れて行かれ、結局そこで処刑されたという（ピエール・ブルーエ『トロツキー』〔3〕）。

トロツキー夫妻は、フランスのあとノルウェーに亡命するが、その経緯については諸説がある。エジュノールの『トロツキーとの七年間』によると、ノルウェーには少し前から社会党の政府が成立していた。ノルウェーに亡命したドイツ人のトロツキスト、ワルター・ヘルトはノルウェーの友人たちを動員して政府にトロツキーのビザ発行を要求した。一九三五年六月八日、ノルウェー政府がトロツキーに滞在許可証を出したというニュースを携えて、エジュノールはパリからドメーヌへ行った。六月一〇日夜、トロツキーらはグルノーブル駅でパリ行きの列車に乗り込んだ。列車は朝早くパリに着いた。駅にはリョーヴァが迎えにきていた。しかし、いざパリへきてみれば、ノルウェー政府はまだビザ発行をためらっていることが判明し、何日間か猛烈な交渉が続いた。六月一三日、ようやく交渉は決着、六ヵ月間の期限付きでノルウェーのビザが与えられた。こうして出発の準備は整った。

ドイッチャーの『追放された予言者・トロツキー』によると、フランス政府はスターリニストの喧しい抗議を最早無視することができなかった。ラヴァルは一九三五年五月、スターリンと仏ソ同盟を交渉するためモスクワへ行った。そして、スターリンがダラディエ（急進社会党員。陸軍大臣）とラヴァルの国防政策を支持すると誓った、驚くべき宣言を持って帰ってきた。トロツキーは、どこか遠隔のフランスの植民地、恐らくはマダガスカルへ追放されるのではないかと恐れた。

一九三五年春、トロツキーはノルウェーに亡命の許可を求めた。ノルウェーではちょうど総選挙が行われたばかりで、労働党が政権についていた。それは社会民主主義的政党であったが、かつてはコミンテルンに加盟していたことがあった。トロツキーは期待した。ドイツ人のトロツキストで、亡命者としてオスロに住んでいたワルテル・ヘルトは、労働党のすぐれた指導者の一人であるオラフ・ショフレに近づいた。ショフレは党の急進派の指導者で、トロツキーに傾倒していた。公式の回答がくるまでに何週間もかかった。

ところが六月初めに、トロツキーは亡命を許されたという報告を受け取った。六月一〇日、査証《ビザ》をもらうためにドメーヌを発ってパリに行った。だが、そこでひっかかりができた。ノルウェーの高官たちは、政府の決定を不快に思って、それを妨害しようとした。トロツキーは査証を受け取ることができなかった。そこで彼はノルウェーの首相に非難の電報を打った。自分はノルウェーの約束を信頼して自分の住居を発った、ところが今、フランス政府は私が彼らを欺いたと信じて、二四時間以内にフランスを立ち去るように要求している、私は病気であり、私の妻も病気である、事情は絶望的である、直ちに好意的決定をされんことを要請す、と伝えた。その結果、ショフレの努力のお陰でノルウェー政府はトロツキーに、六ヵ月間だけ居住を許可する査証を与えた。

ピエール・ブルーエの『トロツキー』〔3〕によると、ノルウェーの選挙は労働党の勝利となり、一九三五年三月二〇日単独内閣を組閣した。直ちに、トロツキーの弁護士ジュラール・ロザンタールはオスロに赴き、アヴルダン・コート外相とトリュグヴェ・リー法相に会った。二人とも、ためらうところがあるように見え、保守野党の力と、さらに遠回しにソヴィエト連邦の力をほのめかした。しかし、さしあたっては仲介者は確保され、現地にいるトロツキーの同志たちは内閣に対して組織だった圧力をかけた。その同志たちとは、第三インターナショナルの旧メンバーであるオラヴ・シェフロ、トロツキーの『わが生涯』の翻訳者である作家ヘルゲ・クローグ、それにドイツ人亡命者ワルター・ヘルトである。

一九三五年六月八日、ヴァン（ジャン・ヴァン・エジュノール）がオスロからの電報がビザのことを知らせているというニュースをもたらした。無事に通過できるように交渉するため、至急パリに向けて出発しなければならなかった。

翌々日には、アントワープ行きの船に乗らなければならなかった。ほとんど人気のないグルノーブル駅を出発。リヨン駅でリョーヴァに迎えられるとすぐロザンタール博士のアパートに案内された。しかし彼らがスーツケースを置く間もなく問題が起こり始めた。パリのノルウェー領事館は、ビザを発給すべしという指示を何ら受け取っていなかったからである。電話口に呼び出されたオスロの同志たちは、政府側の尻込み、ノルウェーの問題についてトロツキーが干渉するのではないかという政府の危惧などから、政府がトロツキーの安全を保証することができないという事態を告げた。翌日に乗船するというのはもはや論外であった。しかし、パリ滞在の許可は、その晩で期限が切れることになっていた。しかし、アンリ・モリニエ（技師。長期にわたってトロツキーの正規の代理人をつとめる。パリ解放の戦いで戦死）が尽力して、さらに四八時間の猶予を手に入れた。

トロツキーは、ノルウェー人の同志たちの忠告に従って、一一日、ノルウェー政府に電報を打った。彼は「ノルウェーの公的生活には干渉しない」と約束し、もしビザが発給されるなら、政府には「他のいかなる外国人の身の安全についてと同様に、自分の身の安全について責任」がないと明言した。一二日に、シェフロは閣議が始まる直前にオスロに着くよう飛行機に乗った。トロツキーは第二電を送り、ノルウェー当局者たちの約束に基づいて、住居を去ったこと、そしてフランス当局者たちが、「私と私の妻は病気だ」とは信じていないことを、念を押して言った。彼は速やかな決断を求めた。

数時間後、ようやくワルター・ヘルトが、ビザが六ヵ月間発給されることを電話で知らせてきた。一三日、パリでノルウェーのビザが交付され、ベルギー通過のビザが更新され、一五日にアントワープでノルウェー船『パリ号』に乗るために、座席が予約された。

同日夜八時に、トロツキー夫妻は、ヴァンとフランケルに伴われて、小型汽船『パリ号』に乗船した。

三日二晩のあと、一九三五年六月一八日朝、オスロに到着した。同志たちが港で彼らを出迎え、リンゲルまで自動車で連れて行った。そこで彼らは、とても閑静な小さなホテルで数日過ごすことになった。六月二三日、ようやく彼らは、シェフロの世話で、労働党の古くからの活動家で下院議員であるジャーナリスト、コンラート・クヌーセンの家に身を落ち着けることができた。彼は、トロツキズムとはおよそ縁遠い、穏健な、人あたりのいい社会民主主義者だった。その家は、オスロの北約六〇キロメートルのヘーネフォスという小さな町の近郊にあるヴェクサルというところにあった。主人は留守がちであったが、夫人は二人の子供と一緒に家にいた。弟のボグナールは一四歳で、金髪の姉ヨルディスは二一歳であった。

ナターリャの書いているところによると、その家は広々としていて、「広い庭がその前にあり、庭の入口は、道路に面して、昼も夜も開いたまま」であった。

彼女は書いている。

「ノルウェーの冬は、澄み切った空、輝く雪、雪に覆われたくすんだ色のモミの木々が、けがれもなく美しい。日が暮れる時、緋色の光彩は、白く広がる雪の上にあふれ、空は一瞬火と輝く」

トロツキー夫妻は、二つの快適な部屋、つまり寝室と書斎を自由に使うことができた。クヌーセン一家に迷惑をかけずには、それ以上の部屋は無理であった。そこで、秘書を一人減らして、ヤン・フランケル一人にし、護衛を置かないことにした。彼はついに真の隠れ家の安全を見つけたように思えた。そこでトロツキーは一人で森へ散歩に行きさえした。

トロツキーは後になって、ノルウェーの静かな亡命地にいた一八ヵ月の間、ナターリャ・イワノーヴナと彼自身とが送った生活を次のように描写している。

「われわれの生活は、完全に穏やかで規律正しかった。それは、プチブル的と言うことさえできよう。人々は、すぐにわれわれになじんだ。ほとんど言葉を交わさないが、とても親密な人間関係がわれわれの隣人たちとの間にできた。週に一度、われわれはクヌーセン一家の人たちと一緒に映画館に行き、ハリウッドの二、三年前の作品を観た。われわれはとりわけ夏に時々訪問を受けた。われわれを訪問した人たちは、大抵の場合、労働団体の左派に属していた。ラジオの受信機があったので、世の中の出来事に通じていることができた。……郵便の配達は、ヴェクサルではその日のうちの重大な一瞬であった。われわれは、午後一時ごろ、傷痍軍人の配達夫がくるのをじりじりしながら待った。彼は、冬は橇で、夏は自転車に乗って、新聞と、世界のあらゆる地域の切手が貼ってある手紙の入った重い袋を運んできた」

トロツキーのノルウェー滞在はつつがなく始まった。七月末には、フランスのドメーヌに置きっ放しになっていた本や書類が届いた。ロシア語のタイプライターも送られ、ロシア人タイピストを雇い、規則的な仕事が再開された。

当局の対応もまずまず好意的だった。与党の機関紙である『労働者新聞』は、ノルウェーの人々は自分の国にトロツキーがいることを光栄に思っており、人はすべて民主主義的に彼に亡命の地を与えることを快い義務であると考えているに違いないと記した。

夏、拘留されていた三人の元反対派が、ソ連を出国して、ノルウェー滞在中のトロツキーに、ソ連内の同志たちに関するいくつかの情報をもたらした。

この三人の生還者から、トロツキーは、さまざまな確認や情報を受け取った。それは独房の間の政治討論や反対派の人たちの政治的忠誠の確認であり、中にはいくつか痛ましいものも含まれていた。例えば、ボルシェビキ・レーニン主義派の若い世代の中で最も才能のあった一人、エレアザール・ソルンツェフの死亡の知らせがあった。彼は、彼を襲ったゲ・ペ・ウによる新たな弾圧に抗議するためにハンガーストライキを開始し、それが原因で一九三六年一月死んだのだった。トロツキーはまた、彼の旧知の同志たちのうち数人が生き延びていることも知った。病気のＢ・Ｍ・エリツィンはオレンブルグに強制収容されていた。岩のように揺るぎないI・N・スミルノフはスズダリの恐ろしい監獄の中で、一歩も引かずにいた。彼はまた、次男セリョージャの、そして彼と親しいたくさんの友人の境遇に関してもいくつかの情報を得た。

一九三六年七月一九日、スペイン内戦が始まった。

その月の終わり近く、トロツキーは密かにカタロニアへ行きたいという意向をリョーヴァに伝えた。リョーヴァとエジュノールはいくつかの計画を練った。例えば漁船でノルウェーからスペインへ行くことも考えてみたが、結局は何もかも計画の域を出なかった。

トロツキーは『裏切られた革命』という新しい本を書き始めた。

ところが、その年の夏の終わり頃の九月一九日に、彼はいつまでも引かない病熱と、全体的な衰弱とで、オスロの市立病院に入院した。

いろんなテストや検査をしたあとでも、魂は救われず、体も健康に戻らぬまま退院した。彼は、一二月はほとんどベッドに寝たまま過ごした。これは、「私の一生で、最悪の月だった」と後に語っている。

それから間もなく、健康状態が急に一変して、医者たちをいつも不思議がらせる、あの変化が今度も起こり、元気を取り戻し、『裏切られた革命』をまた書き始めた。彼は、その本が完成するまでの六ヵ月間、ずっとそれにかかりきりだった。

ドイッチャーはこう指摘する。

『裏切られた革命』は、トロツキーの著書のうちで特殊な地位を占めている。それは彼が完成した最後の本であり、ある意味で、彼の政治的遺書であった。ここで彼は、ソヴィエト社会に対する彼の最後の分析と、スターリン時代の中頃までの、ソヴィエト社会の歴史を概観している。彼の本の中でも、最も複雑な著書である本書には、彼の思想のあらゆる弱点と力が結び付いている。ここには、社会主義やプロレタリア革命が取り組まなくてはならない様々な困難、労働者国家における官僚の役割に関する、多くの新しい、独創的な考察が盛られている。彼はまた第二次世界大戦前のソ連の国際的地位を概観し、大胆な、部分的には誤った予言をもって将来を洞察しようと試みた。本書は深奥な理論的論文であり、この時代のための著書であり、古典的マルクス主義の見解を創造的に再説したものであり、ソ連における革命を呼びかける『新トロツキズム』の宣言である」(『追放された予言者・トロツキー』)

『裏切られた革命』は、一九三七年五月、メキシコ亡命時代に出版され、大きな反響をよぶが、それについては後ほどふれる。

トロツキーが『裏切られた革命』を書いていた幾月かは、激しい仕事にもかかわらず、息抜きのひとときであった。ヴェクサルでの生活は無事平穏で、静かだった。毎日の決まった仕事は、訪問客や、北部の岩だらけの山地への遠出などで、邪魔されることは滅多になかった。一週間に一度、トロツキーとクヌーセン夫妻は、ハーネファスの映画館に出かけ、古ぼけたアメリカの映画を観た。トロツキーは、仕事がすらすらはかどったので、『裏切られた革命』を書き上げると、早速『レーニン』に取りかかろうと思っていた。

八月四日、『裏切られた革命』の序文を出版社に宛て郵送したトロツキーは、静養のためクヌーセンと一緒に小旅行に出かけた。彼らは休日を南のフィヨルドの、荒れ果てた無人の小島の海辺で二週間過ごすつもりだった。

翌朝、彼らはヴェクサルからの火急の知らせでたたき起こされた。前夜、警官に変装したクィスリング（ヴィドクン・クヴィスリング。ノルウェーの情報将校。ノルウェーのナチ党である国民連合の創設者）の支持者たちがクヌーセンの家に押し入り、捜索命令を受けていると言って、トロツキーの部屋に押し入ろうとした。クヌーセンの娘は、にせものらしいと怪しんで、彼らに抵抗した。その間に、彼女の弟は隣人たちに急を告げた。闖入者たちはタイプした原稿を数枚つかみ取っただけで、逃げ去った。彼らの目的は、トロツキーが政治活動をやっていて、ノルウェー居住の条件を犯しているという証拠をつかむことだった。

この事件について、八月一四日、トロツキーを証人として尋問するため、オスロから警察部長刑事がやってきた。尋問のあとで刑事は、新聞記者に対して、トロツキーの行動には法に違反しノルウェーの国益に反するようなところはまったく認められない、と断言した。

翌朝早く、クヌーセンはいつものように携帯ラジオでニュースを聞いた。はっきり聞き取れなかったが、やっと聞き取れたニュースに驚き、トロツキーのところへ飛んできた。モスクワは、ジノヴィエフ、カーメネフ、その他一四名の被告が、反逆、陰謀、スターリンに対する暗殺計画で、間もなく裁判にかけられるだろうと発表したというのである。それから、トロツキーは彼らの主要な教唆者であると断ずる告発を長々と放送したという。

クヌーセンには詳しいことはわからなかったが、トロツキーの『亡命日記』にこうある。

「夜明け方、近くの小さな村、クリスチャンサンドの友人の新聞記者〔クヌーセンの友人でジャーナリストのモンセン〈筆者注〉〕がやってきた。彼はタス通信の公式発表をノートしておいたのだ。なにがあろうと驚かない用意はできていたのだが、その記録を前にして、私は自分の眼を信じられなかった。これほどに卑劣さと鉄面皮と愚行とが結び合わされることがありえようとは私には思えなかったのだ……。私は直ちにこの記者に対して、ここに告げられた裁判なるものに関する最初の声明を口述した。戦闘の用意を整えなければならなかった。何らかの激烈な攻撃が企てられているのだった」

声明の内容については『亡命日記』には書かれていないが、ドイッチャーはこう記している。

「同日、つまり八月一五日、トロツキーはこの告発に反駁し、新聞記者に向かって、これこそ『世界政治史上最大の偽造』であると言った。『スターリンは不満と反対を抑圧するために、この裁判を上演しているのである。支配的官僚は、いっさいの批判とあらゆる形の反対を、すべて陰謀だとする』」

彼は、ノルウェー政府がこの非難を調査するように提案した。「自分はこれに関連のある文書と資料を全部、見せる用意がある」と言った。そしてまた、各国の労働団体に向かって、公正無私な国際的調査委員会を設けるよう訴えた。

第一次モスクワ裁判が開始されたのは、一九三六年八月一九日だった。被告席にはジノヴィエフ、カーメネフおよびエフドキモフ、バカーエフなど、つねに彼らに協力してきた者たちが座っていた。

被告たちの前には軍事裁判所の判事が並ぶ。検事はアンドレ・E・ヴィシンスキー。起訴状によれば、被告らは一九三二年末、「指導者たちに対する個人テロの承認」をベースにしたテロリスト集団「トロツキー派・ジノヴィエフ派・合同センター」を作った。そして、スターリン、ヴォロシーロフその他の指導者をたてつづけに襲撃することを企てたり、キーロフ暗殺をはかり実行したりしたのも配下の活動グループである。勿論、すべてはトロツキーの「指令」に基づいてなされ、息子のレフ・セドフ（リョーヴァ）も積極的にこれに参加している……と決めつけた。つまり、一九三二年の「反対派ブロック」作りにつながった実際の事実や会合や集会や会談を材料として、「テロリスト・ブロック」なるものが実際に存在し活動していたというストーリーが作り上げられたのである。こうして政治的反対派はテロリストに仕立てられ、刑場送りも当然ということになってしまったのである。

検事ヴィシンスキーは古参ボルシェビキたちを思う存分怒鳴り散らした。公式の記録からさえ、罵倒の文句は山ほど引用できる。いわく、「社会主義の花園」に咲く「一番美しく、一番芳しい花々を踏みつぶ」そうと試みた「この一握りの腐った、でき損ないの、下劣な裏切り者、人殺し野郎」、「根性のゆがんだ最低の山師ども」、「狂犬」、「みすぼらしいピグミー」、「やたらと吠える小犬」。彼の論告の締めくくりの言葉は有名である。世界各国の共産党の新聞はこぞって、一面に書き立てた。「こうして狂犬どもはすべて、一匹残らず、銃殺することを、私は要求する」。

判決が言い渡されたのは八月二四日の午前二時三〇分だった。一六人の被告が死刑と決まった（ピエール・ブルーエ『トロツキー』〔3〕参照）。

ドイッチャーは書いている。

「裁判と処刑は、まことに陰惨極まるものであったが、しかしそれはトロツキーのうちに闘争心を燃え上がらせた。彼はかつて自分が内乱の最初の戦闘を指揮した時の、一切の集中力と確信をもって、この挑戦に応ずる決意をした。彼はジノヴィエフ―カーメネフ裁判の主要な被告であった。……彼は自分の首と名誉のため、自分の生き残っている子供たちのため、そして自分を弁護することのできない、死を宣告されたすべての古参ボルシェビキの威厳のために戦った。そして、この裁判が矛盾と馬鹿げた不合理だらけであることを暴露した。裁判の虚偽をさらけ出し、その不可思議な謎を粉砕しようとして、全力をふりしぼった。彼は自分がただ一人、スターリンの巨大な権力と、それに仕える宣伝家たちの大軍団に対抗していることを知っていた。だが、彼は少なくとも言論と、反対行動を組織する自由を持っていた。そして、それを全面的に利用しようと決意した」

裁判の二日目、トロツキーは『アルベイダー・ブラテット』紙で徹底的なインタビューに応じ、同紙は翌八月二一日、それを第一ページで「トロツキー、モスクワの非難は虚偽と主張す」との見出しで報じた。また、彼はオスロに駆けつけたアメリカ、イギリス、フランスの通信社や多くの報道記者のために声明書を書いた。そして、阿修羅のように戦った。彼に必要なのは、ただ、自分自身を弁護する自由であった。

モスクワ裁判が終わって一日たった八月二六日、二名の警察官の上役がトロツキーを訪れ、彼が居住許可の条件を侵犯したことを、司法大臣の命令によって彼に告げた。そして、今後は「直接にも間接にも口頭でも文書によっても、他の国々の当面の政治問題に」干渉することを差し控える、そして著述家としての彼は「彼の活動を厳に歴史的な著述や、特定の国に向けられない、一般的な、理論的所見に限定する」という誓約に署名して欲しいと告げた。彼は署名することをきっぱり断った。すると、警察は彼を自宅監禁に付し、彼の家の入口という入口全部に監視を置いて、彼が声明を発表することを禁止した。

自宅監禁から三日後の八月二九日、在ノルウェーソ連大使ヤクボーヴィチはオスロのノルウェー政府に対して、トロツキーの追放を要求する正式の覚書を手交した。その覚書は、トロツキーがノルウェーを、「彼の陰謀の基地」として利用していると主張し、モスクワ最高法廷の判決を利用し、最後に、「ソヴィエト政府は、引き続きトロツキーに亡命を許すことは……ソ連とノルウェーの友好関係を傷つけ……国際関係を支配するルールを……侵害することになるだろう……ということを申し述べたいと思うものである」と露骨な脅迫で結ばれていた。

また、ソ連大使は、ノルウェーと貿易を中止すると脅かした。そのため商船会社や水産業界は、不況と失業の時期に彼らの利益を危険にさらさないよう、政府に圧力を加えているという噂で、ソ連の経済的報復にオスロは沸き返っていた。

その後、トリグヴェ・リー（弁護士、ノルウェー労働党の法律顧問、一九三五〜三九年法務大臣）はトロツキーをいっそう厳重な抑留に付し、彼の二名の秘書を追放し、トロツキーがクヌーセンと連絡することさえ妨げるように、クヌーセン家の中にまで監視を置いた。リーはスターリンの要求にはすすんで応じる男だった。

さらに九月二日、トロツキーとナターリャは、クヌーセン家からオスロの南三六キロのストルサン村に近いフィヨルド・フールムのスウンビ（スンビュ）に移動するよう命じられ、司法省がそのために借りておいた小さな家に拘禁された。トロツキー夫妻が寝起きしたのは小さな家の二階で、一階には二〇名ほどの警官が入っていた。彼のノルウェーの弁護士以外、誰一人訪れることを許されなかった。彼が戸外で運動したり、ちょっとした散歩をしたりする、囚人の当然の権利さえ拒否された。通信は全部検閲を受けなくてはならなかった。その検閲官は、クィスリングの党員であった。

だが、トロツキーは屈しなかった。ジノヴィエフとカーメネフの裁判を詳細にわたって暴露する論文を書いた。自分の支持者たちやリョーヴァに宛てた手紙では、粛清に対する反対運動の進め方やヴィシンスキーの告発の一つ一つの訴因を反証する実際の証拠の蒐集の仕方を彼らに教えた。彼は抗議しながら、論文や手紙を全部検閲室に提出し、それから何週間もじりじりしながら返事を待った。しかし、返事は一つもこなかった。検閲官は彼に知らせもせずに、彼の書いたものを全部没収していたのである。

この監獄のような家で、トロツキー夫妻は三ヵ月と二〇日間過ごした。

しかし、パリに帰った秘書のジャン・ヴァン・エジュノールはフランスのトロツキスト・グループの戦列に再び復帰し、間もなくリョーヴァと一緒に、ジノヴィエフ―カーメネフ裁判における偽りの供述に反論する作業に集中した。父トロツキーは沈黙を余儀なくされていたので、リョーヴァは長い文章を書き始め、それは少しずつ形をなしてきた。エジュノールはそれをフランス語に翻訳し、印刷を一手に引き受けて、校正刷りを読んだり、印刷屋を急がせたりした。やがて日の目を見たその文章は「赤書」と名づけられた。それはジノヴィエフ―カーメネフ裁判の捏造に対する最初の強力な反論であった。さらに、パリにはモスクワ裁判に対する調査委員会も結成されていた。中でもフランスのシュルレアリストの代表的詩人のアンドレ・ブルトンは非常に熱心で、いつも積極的だった。

一方、トリグヴェ・リーは、二回か三回、フールムにトロツキーを訪問している。

それは、フールムよりさらに遠隔の、人が容易に近づけない北部の抑留地へ移すことを、トロツキーに警告するためにきたのだった。理由は、司法省はフールムでそれまで続けておかねばならなかった「大勢の監視の警官隊の費用を引き続き支払って行く余裕がない」から、というのだった。そこでトロツキーはリーに、メキシコの壁画界の巨匠ディエゴ・リヴェラの名前をあげ、自分の友人たちが自分をメキシコへ連れて行こうとしている、自分はノルウェーの極北の荒地に黙って移されるよりは、むしろメキシコへ行こうと思う、と告げた。

それから一週間後、リーは再びやってきて、トロツキーに、メキシコが彼の亡命を許した、自分、つまり、リーは、フールム警察監視隊の隊長ユナス・リーの護衛のもとに、翌日出航することになった、と告げた。さらに、この計画は、この自分と船の所有者以外誰も知っている者はいない、航海は安全だからと言った。

トロツキーは一つの罠から別の罠に追い立てられているような気がした。

メキシコ・タンピコ港に着いたトロツキー夫妻　（『写真集トロツキー』より）

ナターリャが荷造りをしている間に、彼はリョーヴァに手紙を書いた。

「明日私たちはメキシコへ送られることになるらしい。だから、これはヨーロッパからの私たちの最後の手紙である。もしも途中またはどこかで私たちに何か起こったら、お前とセルゲイが私の相続人である。この手紙は遺言の力を持っている……お前も知っての通り、私は私の本の将来の印税のことを考えているのだ――これ以外、私は何一つ持っていない。もしお前がいつかセルゲイに会うことがあったら……私たちは彼のことを決して忘れたことがなかったし、ただの一瞬も忘れはしない、と伝えてくれ」

一九三六年一二月一九日、油槽船ルー

ト号は、トロツキー、ナターリヤ、それに彼らの護送警官と、たった三人の乗客を乗せて、ノルウェーを出港した。追放はごく秘密に行われ、それから数日間、トロツキーはまだフールムの抑留所にいるかのような印象を与えるため、その家の外には見張りの警官たちが立っていた。

ドイッチャーは書いている。

「トロツキーは三週間、船がジグザグしたり、針路を変えたりして正規の航路を避けている間に、激しく仕事をした。だが、世界は早くも追放のことを知り、各通信社は懸命になって無線でトロツキーとインタビューしようとした。しかし、ルート号の船長は、オスロから、トロツキーに送話器の使用を許さないよう命令された。この空っぽの船上でも、トロツキーとナターリヤは、まだ抑留者として扱われた。食事の時でさえ、彼らのわきには護送警官が立っていた」

「今年はカインの年であった」——一九三六年一二月三一日のトロツキーの日記には、そう書きこんである。翌朝、ルート号は汽笛を鳴らして新年を迎えた。誰もこの挨拶にこたえるものはなかった。

一九三七年一月九日、ノルウェーの油槽船はトロツキー夫妻を乗せ、メキシコのタンピコ港に到着した。

第四章　デューイ委員会の開催

トロツキーがメキシコに到着した二週間後、一九三七年一月二四日、新たな第二回モスクワ裁判「反ソ・トロツキー・センター」裁判が始まった。このことを予告する最初の海外電報が一月一九日、トロツキーのもとにすでに届いていた。「モスクワで新しい裁判が始まろうとする直前に、われわれがメキシコへくることができたのは、なんという幸運だろう」と、トロツキーは一九三七年二月一日、リョーヴァに宛てて書いている。

被告席には、ラデック、ピャタコフ、ムラロフ、ソコーリニコフ、セレブリャーコフ、その他一二名が着いた。トロツキーは、今度もまた最も重要な（欠席中の）被告であった。

告発は、ますます辻褄の合わない、信じられない仕方で積み上げられた。

検察官ヴィシンスキーは今度は、トロツキーはヒットラーと日本の天皇と正式に協定を結び、ヒットラーと天皇がトロツキーの反スターリン闘争を援助する代わりに、トロツキーはソ連の軍事的敗北と解体のために活動している、なぜなら彼はいろんな約束と一緒に、ソヴィエト・ウクライナを第三帝国に割譲することを誓ったからである、と主張した。

一方、また、トロツキーはソ連工業のサボタージュを組織し、指導している。炭坑や工場、鉄道の破壊、ソヴィエト労働者の大量毒殺、スターリンその他の政治局メンバーに対する再三再四にわたる暗殺企図がそれである、と主張した。

被告たちはみな、検事の言葉をそのままおうむ返しに繰り返して、彼の非難の仕上げをした。

ナターリャは書いている。

「私たちはラジオを聞き、郵便物やモスクワの新聞を開いてみた。そして、狂気と不条理、暴虐、詐欺、血が、ノルウェーにいた時と同じように、このメキシコでも、四方八方から、私たちを目がけて殺到してくるような気がした……極度に緊張し、過労し、しょっちゅう発熱しながら、それでもなお疲れることを知らぬダヴィッドヴィチ（トロツキー）は、鉛筆を手にしながら、もはや反駁することもできないほど、夥しい数に膨れ上がった偽造を、リストに書き留めた」

裁判は一週間続けられ、ラデックとソコーリニコフを除いて（一〇年の投獄）、全員の死刑が執行された。

スターリンによる一九三七〜三八年の大粛清は、スターリンの神格化なくしては、成就できなかった。スターリンが唱導して制定した一九三六年の「スターリン憲法」は、階級の消滅、従って階級闘争の消滅を謳歌して作られた憲法だった。この「憲法」に盛り込まれた民主化への努力は認められるにせよ、社会主義の基礎の完成という誇るべき段階で、血の粛清が荒れ狂うことになった。この大粛清の原因には、国際情勢の緊迫、とりわけファシズムの抬頭やヨーロッパ諸国の対ソ敵視政策の強化など、さまざまな外的要因を指摘することも可能である。しかし、確実に言えることは、もしスターリンの神格化の完成がなければ、かくも恣意的な大量虐殺は可能だったか、という疑問である。神格化と個人崇拝の完成、そして統治と支配のメカニズムが、現人神の恣意、猜疑、専横とリンクする時、悪魔的作用を開始し始めるのである（アイザック・ドイッチャー『大粛清・スターリン神話』）。

スターリン自身、一九四〇年九月九日の党中央委員会で粛清を総括し、「党、文学界、軍——。それらはすべて、古い細胞が死んでなくなる前に細胞を一新するべき機関である。若い人々に機会を与えるべきなのだ。ソ連経済の基本は強制労働にあり、囚人の大規模な搾取が不可欠だった。三七、三八年の粛清の目的は、戦争直前における第五列（潜在敵）の破壊と、社会、党、国家の機関の動員力の強化にあった」と強調している。

事実、一九三九年三月の第一八回党大会でスターリンは「旧レーニン党」の幹部の大半を一掃したまったく新しい党を作り出した。

その代わり、前回の一九三四年の第一七回党大会に参加した代議員一九六六人中一一〇〇人が逮捕され、うち八四八人が銃殺された。また、大会で選出された中央委員と同候補の合計一三九人のうち九八人が、また、三六、三七年に任命された州の党委員会第一書記の全員、軍将校の四分の一が銃殺された。だが、犠牲者が最も多かったのは一般市民だった（『アナスタス・ミコヤン回想録』）。

フレブニュクの『政治局』は、「三七年から三八年にかけての逮捕者は合計一五〇〇万人、うち六八万人が銃殺された」、『ミコヤン回想録』は、「三四〜四一年の逮捕者は一八五〇万人、うち銃殺一〇〇万人」と弾きだしている（以上斎藤勉『スターリン秘録』所収）。

また、I・D・レヴィンの『暗殺者の心理』の訳者長谷川正史は「訳者あとがき」で、こう記している。

「一九三四年一二月一日のキーロフ暗殺を発端として、大粛清の嵐が吹き荒れた。この大粛清の犠牲者の数は、もちろん正確な数字ではないが、菊地昌典氏の紹介を援用すれば以下のごとくである。一説によれば、囚人数は一九二八年は三万人、一九二九―三〇年は六六―七三万人、一九三一年から一九三七年一月までは二〇〇万人と推定され、一九三七年一二月には三〇〇万人、一九三九年には八〇〇万人に達していた。別の説によると、この数よりも多く、一九二七年は一四万人、一九三〇年は一五〇万人、一九三三年は二五〇万人、一九三六年は六五〇万人、そして一九三八年は一一五〇万人、一九四一年は一三五〇万人であったという。死者の数は、ロバート・コンケストによれば、一九三七年一月現在で監獄または収容所にいた囚人五〇〇万人、一九三七年一月―一九三八年一二月に逮捕された者七〇〇万人、合計一二〇〇万人のうち、処刑された者一〇〇万人、監獄または収容所で死亡した者二〇〇万、合計三〇〇万という驚くべき数字である」

さらに、ニコラス・モズレーは『トロツキーを殺した男』（一九七二年発行）でこう書いている。

「ロシアにおける陳列裁判は、上層階級のものたちのためだけだった、それ以下の階級のものたちは裁判を受ける機会も与えられることもなく、あっさりと片付けられてしまった。スターリンの行ったパージの被害者は、未だにその正確な数字は不明であるが、一九六〇年代になって少しずつその数字が明らかになってきた。それによると、一九三〇年代の終わり頃では、年間に赤軍の将校が約二万五千名ほど行方不明になっており、また一九六六名の第一七回共産党議会の議員のうち一一〇八名が、また、党中央委員会の委員一三九名中九八名が行方不明となっている。このような人たちのほとんどは、G・P・Uに連れ去られ、あっさりと殺されてしまったのである。その殺害方法も通常は、至近距離からピストルで後頭部を撃つ方法だった。

何の記録もなく捕らえられたものの数は無数で、一九三六年から一九四〇年の間に、即座に射殺されたものの数は七〇万人、通常の投獄刑を受けたものは一九三七年の一年間で一〇〇万人、シベリアの抑留所に送られたものは八〇〇万人と推定されている。抑留所に送られた人たちの死亡率も高く、その原因は飢えと銃殺刑だった。命令はすべてモスクワから直接その地方のG・P・Uに伝達された。総計約三〇〇〇万人ほどの抑留者が死亡したものと思われる」

今やモスクワでは、誰一人安全な者はいなかった。審問官たちや絞刑吏たちでさえ、もはや安全ではなかった。ヤゴダが逮捕されたあと（一九三四年、内務人民委員。一九三七年四月罷免。一九三八年三月、第三次モスクワ裁判で有罪を宣告され、処刑）、ゲ・ペ・ウと全秘密警察が粛清された。ヨーロッパのソヴィエト秘密警察網の主任イグナーチ・ライスが、粛清に抗議して職を辞したことは、驚くべき事件であった。七月一八日、ライスはパリからモスクワの中央委員会に宛ててメッセージを送り、スターリニズムと断絶して「第四インターナショナルに加入する」ことを言明した。それから六週間後の九月四日、ライスはローザンヌに近いスイスの道路上で死体となって発見された。死体は銃弾で蜂の巣のようになっていた。

「反トロツキズム闘争」は外国にまで拡大され、スペインではＰＯＵＭの指導者アンドレス・ニンがゲ・ペ・ウに誘拐され、殺害された。

ちょうどこの頃、トロツキーの長男リョーヴァは、フランスの一新聞に、もし自分が突然死ぬようなことがあったら、世界は自分がスターリニストの手にかかって殺害されたと知るがよい——それ以外のどんな死に方も信ずる値打ちはない、自分は健康で、自殺の考えなど少しも抱いていないからである、という声明を発表した。

次男セルゲイは、ロシアの新聞によれば、シベリアのクラスノヤルスクで逮捕され、彼の父親の命令で、工場労働者の大量毒殺を企てたかどで告発されていた。

トロツキーは書いた。

「スターリンは私自身の息子から、私に反対の自白を引き出そうとしている。ゲ・ペ・ウはセルゲイを狂気に駆り立てることを躊躇しはしないだろう。そうしておいて、彼を銃殺するだろう」

ナターリャは「世界の良心に訴える」という、新しいアピールを発表したが、徒労であった。あとで、こう回想している。

「L・D（トロツキー）が打ちのめされた気持ちになって、自分がまだ生きていることを悔いている瞬間が、何度もあった。『もしかしたら、自分が死にさえしたら、セルゲイを救うことができるかも知れない！』と、私に言ったことがある」

そういう瞬間は、ただ妻の彼女だけが一人知っていたトロツキーの姿であった。

トロツキーはこの年の春には、スターリンのモスクワ裁判に対する逆裁判（反モスクワ裁判）を開くことを計画していた。一月以来、コヨアカンの「青い家」では、秘書たち、トロツキー自身にナターリャが、際限のない文書を翻訳したり、コピーしたり、タイプを打ったりして、まるで「監獄部屋」のような日々が続いた。

同時にトロツキーは、アメリカの各新聞のページを自分の論評で埋め、自分の見解をメキシコの新聞にわからせようとし、いろいろな国で「調査委員会」を組織するよう手配した。

最初の裁判のあと、いくつかの国で委員会が結成されていた。イギリスとアメリカは「レオン・トロツキー擁護委員会」という名で、チェコスロヴァキアには「人権と真実のために」、フランスでは「モスクワ裁判調査委員会」がそれぞれ結成されていた。どの組織もメンバーの数はさして多くなかった。その原因は、大部分の知識人がこの問題から身をかわしていたからである。

二度目のモスクワ裁判終了後、アメリカ委員会は、この事件を公衆の前に持ち出すべく、ニューヨークにおいて大集会を開くことを決定した。

二月九日、広い「ヒポドローム」(室内競技場)の大会場には六五〇〇人の人々が集まっていた。人々には、この集会に宛てて、トロツキーが電話で演説することになっていると知らされていた。大会議長がレオン・トロツキーの名を呼んだ時、拡声器は沈黙したままだった。故障をいろいろ回復しようと試みられた末、通信機が使用不能の状態になっていることがわかった。しかし、彼らはあらかじめ、トロツキーの演説のテキスト(講演原稿)を用意していた。大会の参加者たちは、トロツキーの声は聞けなかったが、自分に向けられた不合理極まる告発に対する彼の弁明や論証、決定的な反論を聞くことができたのである。

その初めにあたってトロツキーは、「私は、諸君がただ一つ理性に訴えられるよう希望する」と言った。モスクワ裁判は、「不合理の上に成り立っているのだ」。それは、矛盾だらけであり、およそ真実らしいところもない。被告たちは、昨日はスターリンを殺害することしか考えていなかったのに、今日は俄かにその讃歌を歌い出す。自分は、かつて実現されたこともない陰謀の、いつにかわらぬ煽動者であり、かつて書かれたこともない手紙によって指令を与えていることになっている……。

トロツキーはアメリカの民衆に向かって叫ぶ。

「でっち上げ陰謀事件、被告の自白、芝居がかりの裁判、そして処刑――まさにこれが現実に起こったことだ――、これらすべては、ただ一つの手によって作り出された。誰の手によって？　作り出すことによって利を得るところのもの……。スターリンの手こそ、それを作り出したのだ！　ロシア魂についてのたわごとも嘘も美辞麗句も、もうたくさんだ！　われわれは、闘士でもなく、陰謀家でもなく、ゲ・ペ・ウの手のうちにある操り人形が裁かれるのを見てきた。彼らは前もって教えこまれた役柄を演じていたのだ。かかる恥知らずな興行がうたれた目的は何か？　それはすべての反対派を粉砕し、あらゆる批判精神の源泉そのものを毒し、スターリン全体主義体制を永久に聖化するためなのだ」（トロツキー『亡命日記』所収、A・ロスメル「地球の上をヴィザもなく」）

一月二九日、モスクワ裁判が終わる直前に、トロツキーはスターリンに挑戦して（二度目）、自分の送還を要求せよ、と迫った。国際連盟に対する訴えでは、ソヴィエトのイニシアティヴで連盟が設けるはずになっている政治的テロリズムに関する委員会に、自分自身訴える用意がある、と声明した。だが、国際連盟は沈黙を守り、スターリンは今度もまた亡命送還の要求を無視した。

従ってトロツキーは、どこからも誠実潔白について異議を唱える余地のないような人々によって形作られた、この裁判調査のための国際的委員会の設置を要求する。かかる不偏不党の公開の調査委員会の前には、彼は進んで出頭し、真実を解明するに役立つであろう資料と事実をすでに提出する用意をしているのだ。

最後にトロツキーは、集会参加者を深く感動させる一つの声明を発表した。

「もしもこの委員会が、スターリンが私になすりつけている犯罪について、ほんのわずかたりとも私を有罪であると認めるならば、私はゲ・ペ・ウの死刑執行人の手に自らを引き渡すということを諸君の前に約束する。諸君全員がこの約束を聞いてくれているのだ。私は、これを全世界の前に断言する」

『私は私の生命を賭ける』という題をつけて、この演説は直ちにパンフレットとして印刷刊行され、アメリカの内外に反響を呼び起こした。

一九三七年三月、アメリカ、イギリス、フランス、チェコスロヴァキアの委員会は、逆裁判（反モスクワ裁判）を行う合同委員会を組織した。

そのメンバーは、フランスの委員会から指名されたアルフレッド・ロスメル（「地球の上をヴィザもなく」の著者、フランス人）、一九一四―一五年にただ一人カール・リープクネヒトと一緒に戦争反対の投票をした、ドイツ国会の議員として有名だったオットー・リューレ（ドイツ人）、やはり前共産党国会議員で一九一八年一一月七日のヴィルヘルムハーヴェン蜂起の指導者だったヴェンデリング・トーマス（ドイツ人）、有名なアナルコ・サンジカリスト闘士で反ファシズム・反スターリニズムの組織である「イル・マルテロ」の指導者カルロ・トレスカ（イタリア人）、急進主義的な、強

デューイ委員会で。左からエジュノール、アルバート・ゴールドマン、トロツキー、ナターリャ、ヤン・フランケル。
（『写真集トロツキー』より）

い反マルクス主義的なアメリカの作家スザンヌ・ラ・フォーレット、作家でジャーナリストのベンジャミン（ベン）・ストルバーク、同じくジャーナリストのジョン・K・チェンバレン、ウィスコンシン大学の社会学教授で、ロシア革命の発端についての実地調査の結果をまとめた二冊の本の著者でもあるエドワード・A・ロス、大学講師カールトン・ビールズ、ラテン・アメリカの左翼作家・ジャーナリストで、元メキシコ総同盟全国委員会委員のフランシスコ・ザモラ（メキシコ人）であった。

委員会の権威は、この委員会に加わり議長になることを受諾したアメリカ人のジョン・デューイが主として負っていた。彼はアメリカの第一流の哲学者であり、教育者であり、またソ連の友として知られていた。彼が議長になったことから、この委員会は「デューイ委員会」と呼ばれるようになった。

フレデリック・ドゥーゼはデューイについ

てこう紹介している。

「ジョン・デューイは七八歳であった。彼はアメリカで最も卓越したアメリカの自由主義者であった。その著作のすべてが名著であり、徳の高さは完全無欠の傑作のように非のうちどころがなく、その威信には傷一つついたこともなかった。

デューイは自由主義と哲学と教育学と教育に全身全霊を捧げてきた。最高級の知識人である彼は周囲に威をはらうような雰囲気を漂わせながら晩年を迎えていた。休息の境地を認められるのが当然であるし、それに十分に値するものと自分でも考えていた。

その彼があえて世に逆らって崇められていた講壇から降り立ち、評判の公正無私に傷がつく危険をおかしても自分の身について威信を役立てようとしたのである。人々は驚いた。こういう政治的行動をこういう状況の時にとるとは、とても無私の立場ではありえない」（「デューイとトロツキーの隠れた闘い（上）」、季刊『トロツキー研究』六号所収）

ドゥーゼによると、デューイはマルクス主義者ではなかったが、彼は長くソ連を褒め続けてきた。それはもっぱら教育の次元の話であった。いくたびもソ連を訪問し、その中でとくにレーニン夫人であるクループスカヤと対談したことからソ連の教育には通暁していたという。

だが、トロツキーの反モスクワ裁判（調査委員会）に参加を決断したデューイに対して、アメリカ共産党は強い圧力をかけてきた。初めの頃、デューイに対する中傷キャンペーンがはられた。つまり、彼はかつて教え子だったフックやイーストマンというトロツキストによって脅されて踊らされているお人好しのモウロク爺さんだとまで言った。また共産党は彼を直接攻撃する前に、彼の買収を試みた。

研究旅行という体裁でソ連への無償の公式訪問を提案してくるが、デューイの拒絶にあう。それどころか、ここでデューイは危険に向かって歩むことを決断する。メキシコへ旅立ちたいと宣言したのである。

彼の決心で共産党は全面的なパニックに陥る。そして、いっそう激しい中傷と批判のキャンペーンを組織する。デューイの周りの人々、家族や親戚は恐怖に脅えて、彼を押しとどめようとし、決心を翻すよう懇願した。

しかし、デューイの決意は決してネガティブな圧力に基づくものではない、その基礎にはいくつかの知的な理由がある、とドゥーゼは次のように分析する。

「デューイは自分がやろうとしていることが高貴で偉大な仕事であることを完璧に意識していた。彼はロベスピエールには与えられなかったチャンスをトロツキーには与えようとしたのではなかろうか。彼はまさに現代のエミール・ゾラであった。調査委員会は彼のお陰で公正無私の権化という性格を整えることができた。……まさしく自らの民主主義の信条を守るために、彼は闘いの舞台に降り立った。自分の名声や健康をも含めて他のすべてを犠牲にしても守るべき大義があった。真実と公正という大義が、である。

デューイの目的はトロツキーを擁護することではなくて、アメリカの理想を守ることであった。そのために、トロツキーには全世界の世論を前に弁護する機会と、ビザなしで亡命できる避難権を与えねばならない。トロツキーに向けられた罪状が真実であるか虚偽であるか、デューイはまさしくそれを明らかにすることに踏み出したのである」(前掲『トロツキー研究』六号)

まずデューイは、トロツキーには発言の権利があるかと簡潔に問題を提起し、自ら次のように答える。「誰であれ自己弁護の機会もなしに有罪とされてはならないと委員会は考える」。従って、「本委員会と全世界の良心に関わりのある最大のポイントは、トロツキーが発言の機会も与えられず有罪とされたという事実である」。

そして、次のように発言している。

「現在私が務めているこの責任あるポストを私がとうとう引き受けてしまったのは、もし断れば私は自分の生き方に不誠実だったことになると思ったからである」（同前）

一九三七年四月六日木曜日、汽車が到着する。フリーダ・カーロとマックス・シャハトマンがデューイを出迎えた。

四月一〇日、正式に審問が開幕する。

「これは見ものであった。史上まれに見るスペクタクルである。ロベスピエールやクロムウェルが登った舞台もかくやと思われた」と、ジェームズ・T・ファレル（アイルランド生まれ。ジャーナリスト、作家。トロツキー擁護委員会、調査委員会で活躍）は書いている。

また、A・ワルドは、「調査委員会は偉大なドラマといった雰囲気に包まれた。社会派詩人、劇作家、小説家が創作したかのようなシーン、想像力豊かな歴史家であれば夢見るに違いないシーンが現れた」と書いている（同前）。

トロツキーの審問は、一九三七年四月一〇日午前一〇時、コヨアカンのロンドン通りにあるディエゴ・リヴェラとフリーダ・カーロの邸宅である「青い家」の、普段はトロツキーの書斎に当てられている部屋で開かれた。トロツキーに不安気な様子はなく、追い詰められた人間のような態度も見えなかったが、それでも彼はデューイ以上に緊張していた。

アメリカの大きな政治的裁判の被告側弁護士として有名なジョン・F・フィナティが委員会の法律顧問となった。またスザンヌ・ラ・フォレット（シュザンヌ・ラフォレット）が書記として極めて積極的かつ勤勉に働いた。

外には警官が警備していた。来訪者たちは、自分自身武装していたトロツキーの秘書によって武器の有無を調べられ、本人であることを確かめられた。表に面した部屋のフランス窓は覆いで隠され、各窓の内側には、セメント・レンガと砂嚢のバリケードが六フィートの高さに積み上げられていた。このレンガのバリケードは前夜に完成された。

報道記者やカメラマンをいれて、五〇名ほどの人間が出席した。

審理は、アメリカ式の裁判手続きに従って行われた。デューイはメキシコのソ連大使館と、メキシコとアメリカの共産党に代表者を送り、反対訊問に参加するよう求めたが、招請は無視された。

デューイは簡潔な声明で、本委員会は法廷でも、陪審でもなく、ただの調査団体に過ぎない、と言明した。「われわれの任務は、トロツキー氏がわれわれに提供されるすべての証言を聞き、氏を反対訊問し、われわれの調査の結果を、われわれの所属する委員会に報告することである」、委員会は「アメリカの伝統に従い」、「何人も自分を弁護する機会なしに有罪を宣告されてはならない」という信念に基づいて行動する。その目的は、被告が公明正大な裁判を否定されている疑いがある場合は、そのような裁判を確保することができる。ところが、トロツキーとトロツキーの息子は、ソヴィエトの最高法廷によって、二度までも欠席裁判で有罪を宣告された。「氏が抗弁する機会も与えられずに有罪を宣告されたということは、委員会にとり、全世界の良心にとって、最大の関心事である」。デューイはこれに参加した自分の動機を説明して、社会教育に生涯を捧げてきた自分は、自分の現在の仕事を、偉大な社会的、教育的任務だと考える、と声明で述べた。

調査委員会の審問会は、トロツキーの周囲の人間にとっては、朝から晩まで仕事に追われる毎日だった。アルマ・アタやプリンキポを経てメキシコまで持ち運ばれた書類綴りは、モスクワ出発以来ここで初めて開かれた。それらの書類のところどころに散在する有用な資料を探すために、膨大な書類全体に目を通さなければならない。モスクワ裁判の虚偽を証明できるような何十人もの供述を、全世界から集めなければならない。集まった証言はいちいち翻訳し、一般人にもわかるように、とくに委員会のメンバーにわかるように注釈を付けなければならない。熱に浮かされたような作業がコヨアカンの家で毎日続いた。毎朝、居住者全員がトロツキーの書斎に集まり、仕事の分担を確認し合った。トロツキーの内部には、ロシア革命当時の組織者が蘇ったことがはっきりと感じられた（エジュノール『トロツキーとの七年間』）。

議事はまる一週間続き、長い会議が一三回も開かれた。

デューイ、フィナティ、トロツキーの弁護士A・ゴールドマンその他は、非難と証拠のあらゆる細目について、トロツキーを反対訊問した。時々、訊問は政治的論争にかわり、ある訊問者はスターリニズムに対するトロツキーとレーニンのモラル的共同責任を主張し、トロツキーはこの非難に反駁した。しかし、彼は、どんな質問にも入って行くことを拒んだり、問題をはぐらかしたりしたことは決してなかった。時々論争になったことがあったが、それでも審理は平静に、すらすら進んだ。

ドゥーゼはその審理の模様を一部紹介している。

「デューイは一九一二年の八月ブロックについてトロツキーに問う。それに参加したメンシェビキはレーニンがいうように『資本主義の下僕』だったのかどうかを知るためである。トロツキーは答える。

『それは政治的評価の問題であり、犯罪的意図のことを指しているのではない』

レーニン病臥中のジノヴィエフやカーメネフの立場について問われると、トロツキーはこう答える。

『彼らはともに政治局に属しており、政治局のメンバーは最高位の大臣よりもはるかに重要なポストの人間であった』

ソヴィエトに関して、『党のほうが人民委員よりも上位にあったのか』という質問に対しては、一言、『その通り』との答えが返ってきた。では、議論や批判以外に労働者が党をコントロールする方法はあったのかとデューイが尋ねると、トロツキーはこう答える。

『党をコントロールし変える権利は、党員にしかない』

こうして論争は大きく前進した。デューイはその後もさらに繰り返し質問する。

『そういう体制をどうしてあなたは民主的な体制だと言うのか』

トロツキーは答える。

『私は絶対的な民主主義について語ったのではない。私の言う民主主義とは数学的な抽象ではなく、人民の生きた体験に他ならない』

論争の中で、トロツキーはこの議論をさらに推し進めてこう認めざるを得なかった。即ち、それは『革命的独裁と両立し得る範囲内での民主的統制』のことであると。その後、より正確を期すためにニュアンスを少し変えて、ゲ・ペ・ウが人民の側にある時の独裁と反対の側にある時の独裁は別のものである、と宣言する。

そこでデューイは、『裏切られた革命』の一節を引用しながら、独裁は『必然』だったのかと問う。トロツキーは答えた。

『絶対とは言わないが、ある程度まではそれは一つの歴史的必然である』」（「デューイとトロツキーの隠れた闘い（下）」、季刊『トロツキー研究』七号所収）

このように論争は決して露骨な闘いにはならず、いわば隠れた形で進んだ。全体として審問は公正さにクレームがつくこともなくスムーズに展開していった。

そして、四月一七日、最後の第一三回審問でトロツキーは最終陳述を行い、その中で彼は、革命を今も信じていると次のように断言し、締めくくった。

「成功もあれば失敗もあった私の生涯の経験は、人類の明白な、輝かしい未来に対する私の信念を破壊しなかったばかりか、反対に、私の信念に不滅の輝きを入れてくれた。私が一八歳の時、ロシアの田舎のニコラエフの町の労働者地区に抱いて行った、理性と、真理と、人間的団結に対するこの信念――この信念を、私は完全に保持してきた。それはいっそう成熟したが、いささかも熱烈さを失いはしない」

彼はこう言って、委員会と委員長に感謝し、そして自らの弁明を終えた。

ドイッチャーによれば、深い感動に揺り動かされた委員会は、長い間、しわぶき一つ聞こえず、沈黙が支配していたという。

ドゥーゼによれば、デューイもトロツキーの言葉にたいそう感動したように見えたという。

デューイ委員会の議決が決まるのは、何ヵ月も先のことだった。その間にも、トロツキーは委員会に提出した証拠をさらに補充しなければならなかった。そのため、家中の者が忙殺させられた。反対訊問とそれに関連した仕事で彼は疲れ切っていた。短い期間、田舎に行っていたが、その間にも元気は回復しなかった。それからも、春から夏にかけて、またひどい頭痛と目まい、高血圧に見舞われ、「自分に不意打ちをくわせた」老齢をまた嘆いた。

逆裁判（反モスクワ裁判）の最初の反響は、ほとんど皆無といっていいくらいだった。イギリスとフランスの「レオン・トロツキー擁護委員会」はコヨアカンのトロツキーに、それぞれの国の新聞は逆裁判のことをほとんど完全に無視している、と報告してきた。

しばらくたったその年の一二月初頭、調査委員会の仕事は終わった。そして一二日、ニューヨークで開かれた集会において、デューイは委員会の評決（調査結果）を公表した。

「あらゆる証拠に基づいて……われわれは、一九三六年八月と、一九三七年一月のモスクワ裁判は、でっち上げであると判定する。……われわれは、レオン・トロツキーとレオン・セドフは無罪であると判定する」

トロツキーとセドフ（リョーヴァ）に向けられたすべての罪状について無罪が宣告されたのである。

デューイはさらに続けてこう言った。

「われわれ全員が一致して下したこの評決が含んでいるものは、極度にわれわれを不安にさせるものだ……。ソ連邦の現政権は、自己に対するあらゆる政治的反対をソ連邦とその国民に対する犯罪行為と見なそうとしている。政治的反対派を一掃し、もっと下劣な陰謀と殺人を正当化するために、全世界の共産党によって、『トロツキスト・テロリスト・ファシスト』なる忌まわしいアマルガムが使用されているのを眼にすることは不快に耐えない。この国においてさえも、共産党およびその自由主義的シンパの人々は、反対派を中傷し迫害するために、まさにファシズムのそれに酷似した、極度に非道徳的なこの戦術に訴えているのである」（A・ロスメル「地球の上をヴィザもなく」）

彼は、このような態度を「ロシア革命の理想主義的遺産からの異常な堕落」であるとした。ニューヨークからの知らせは、コヨアカンの家の中に、ごく稀にしか訪れぬ喜びをもたらした。辛い追放生活にとって初めての大きな喜びだった。欺瞞は決定的に暴かれた。委員会の仕事とその評決は、トロツキーにとって大きな慰めとなった。

審問での証言集はニューヨークのハーパー出版社から『レオン・トロツキーの裁判（または『レオン・トロツキー事件）』（一九三七年）と『無罪』（一九三八年）という二冊の本になって公刊された。前者の書物は大判で六二〇頁に及び、この調査の綿密さを証明している。その委員会の歴史的業績は、すぐに認められることにはならなかったが、最大の欺瞞を打ち壊したことである。即ち、審判の評決がスターリンのモスクワ裁判を永遠に粉砕してしまったのである。

だが、その効果は、小さなものであった。デューイの発言は、アメリカでこそある程度注意を引いたが、ヨーロッパでは無視された。この年、ヨーロッパの世論は、ミュンヘン会議の前の最後の年のいろんな事件や、フランス人民戦線とスペインの内乱の興亡に注意を奪われていたからである。

トロツキーは失望した。

この判定を掲載する『反対派ブレティン』の発行が遅々としてはかどらないのを見て、トロツキーはすっかり焦燥にかられ、息子リョーヴァに向かって、「この犯罪」「政治的盲目」と叱りつけた。「私は『ブレティン』の運営のやり方に完全に不満である。私は『ブレティン』をニューヨークへ移す問題を新しく提起しなければならない」とトロツキーは一九三八年一月二一日付の手紙に書いている。

しかし、この時じつは、トロツキー夫妻はまったく理解していなかったが、リョーヴァの肉体は完全に衰弱し、限界に達していた。

このあと、トロツキーの家族に決定的な不幸が襲うことになる。

第五章　長男リョーヴァの不可解な死

リョーヴァはそれまで、ヴィクトール・セルジュ（ベルギー人。両親はロシア人。初めはアナーキスト、のち共産主義者。反対派）によると、「地獄の生活」を送っていた。貧困や個人的失望にはいっそうよく耐えたが、自分の信念と誇りに対する打撃は、遥かに身にこたえた。

セルジュはこう回想している。

「私たちが、モンパルナスの街々を夜明けまでさまよいながら、ともにモスクワ裁判のもつれにからんだ謎を解きほぐそうとしたことが何度あったろうか？　時々、街灯の下で立ち止まっては、どちらかが叫ぶ、『われわれは完全な狂気の迷路にはまりこんでいるんだ！』と」（「一革命家の思い出」、ドイッチャー『追放された予言者・トロツキー』所収）

くたくたになるまで過労し、無一文になり、父親のことを案じながら、リョーヴァはつねにこの迷路の中に生きていた。

心の疾患、絶望、病熱、不眠症、自分の「持ち場」を離れることがいやで、定期的に繰り返す激しい痛みの発作にもかかわらず、盲腸の手術をのばし続けていた。食べるものもろくに食わず、気力も失せて、がっくりしたようになりながらも動き回った。

一九三八年二月の初めに、デューイ調査委員会の判定を載せた『反対派ブレティン』を発行した。彼は喜び勇んで、手紙でこのことをコヨアカンの父親に報告し、ゲラ刷りを同封した。これからの計画についても述べた。だが、自分の健康には、一言も触れなかった。

これが、彼が両親に書き送った最後の手紙となった。

二月八日、彼はまだ仕事をしていた。しかし、一日中、全く何も食べないで、エティエンヌと長い間一緒に仕事をした。その晩、また発作に襲われた。今までになかったほどの、一番激しい発作だった。もはやこれ以上、手術を伸ばすことはできなかった。

彼と妻ジャンヌ（元レイモン・モリニエの妻ジャンヌ・マルタン・デ・バイエール）とエティエンヌは、フランスの病院に入院して、彼の名前で届けるのはまずい、ということで意見が一致した。ゲ・ペ・ウが容易に彼の所在を見つけるからである。そこで彼は、ロシア人亡命者の医師たちが経営している小さな私立診療所に入院させること、フランス人技師、ムッシュー・マルタンと名乗ること、フランス語しか話さないこと、フランスの同志にも所在を知らせず、訪問も許さないことで意見が一致すると、エティエンヌは救急車を呼んだ。

手術は、その晩行われた。それから数日すると、大変症状はよく、急速に回復するように思えた。エティエンヌがくるとリョーヴァは元気づいた。二人は政治や組織問題について話し合った。こうして、四日間が過ぎた。

すると、突然、病気が俄かにぶり返し、急激に悪化した。リョーヴァは激痛の発作に襲われ、意識を失った。

二月一三日夜、彼が半裸の姿で、朦朧状態になって診療所内の廊下や病棟をさまよって行くのが目撃された。彼にはどういうわけか、付添いもいなければ、見張りも付けていなかった。彼はロシア語で怒鳴り、わめいていた。

翌朝、係の医師はこの状態にびっくりして、ご主人は自殺を企てたのではないか、近頃自殺するような気持ちになっていなかったか、と妻ジャンヌに問いただした。彼女はそれを否定し、わっと泣き出し、ゲ・ペ・ウが主人に毒を飲ませたに違いない、と叫んだ。

大急ぎでもう一度手術したが、少しもよくならなかった。リョーヴァは恐ろしい苦悶に襲われた。医師たちは何度も輸血して、彼の生命を救おうとした。が、無駄だった。

一九三八年二月六日、リョーヴァ（レオン・セドフ）は死んだ。三二歳の若さだった。

彼は、モスクワ裁判では、いつも彼の父親の最も活動的な助手であり、「トロツキスト・ジノヴィエフィト陰謀団」の首魁であるという烙印を押されていた。ライス（別名イグナッェ・ボレッキー、あるいはルドヴィッヒ。赤軍の情報機関にいたポーランド人共産主義者。第一次モスクワ裁判のあと離脱）とクリヴィツキー（ソヴィエト情報局のスパイ。一九三七年、スターリン体制と決別）の証言によれば、「あの若僧はよく活動している。あいつがいなかったら、おやじは仕事を進めることがはるかに困難だったろう」と、モスクワのゲ・ペ・ウ本部ではよく言われていたという。トロツキーの助手の命を奪い去ることは、ゲ・ペ・ウの利益だった。信頼していたエティエンヌ自身のその後の自白によると、彼は救急車を呼ぶやいなや、ゲ・ペ・ウにすぐさま通報していたという。

だが、証拠は何もない。妻ジャンヌの要求で、検死が行われたが、不正行為が行われたという証拠は一つも見つからなかった。警察と医師たちは、リョーヴァに対して、毒殺その他の殺害計画が行われたことを強く否定した。彼らは彼の死因を、手術後の余病（腸閉塞）、心臓麻痺、抵抗力の衰弱に帰した。

このニュースがメキシコに達した。トロツキーはコヨアカンにはいなかった。その数日前、見知らぬ人たちが「青い家」のあたりをうろつき、近くの監視所からこの家の住人たちをスパイしていることに気づいたリヴェラは驚いて、トロツキーがそこを出て、チャプルテペック公園近くに住む古い革命家で、リヴェラの友人であるアントニオ・イダルゴの家にしばらく滞在するように手配したのである。

二月一六日、夕刊がリョーヴァの死を報道した。リヴェラはその報道を読むと、パリに電話し、それからチャプルテペックに身を隠しているトロツキーのところへ駆けつけた。トロツキーはそれを信ずることを拒み、怒りを爆発させ、リヴェラを追い返そうとした。が、それから彼と一緒にその知らせをナターリャに打ち明けるために、コヨアカンへ帰っていった（ドイッチャー『追放された予言者・トロツキー』）。

秘書エジュノールは『トロツキーとの七年間』の中でこう証言している。

「二月一六日、リョーヴァの死が伝えられた。時差のために知らせがコヨアカンに届いたのは昼食が終わった時だった。アメリカの大きな通信社の特派員が電話で知らせてくれたのだったと思う。その時私の他には、ジョウ・ハンセン（ジョセフ・リー・ロイ。一九三四年、アメリカ共産主義者同盟に加入。一九三七―四〇年、トロツキーの秘書。のちに社会主義労働者党の指導者）

とラーエ・スピーゲルがその場に居合わせた。私たちはナターリャには何も言わず、夕刊を見せず、かかってくる電話にも彼女を出させないようにしようと決めた。私はサン・アンヘルの家にリヴェラを訪ねた。その時、パリの誰か、ジェラール・ロザンタールか、ジャン・ルスと電話で話したような気もするが、その点は正確に記憶していない。リヴェラと私はチャプルテペックへ行った。トロツキーの部屋に入り、リヴェラは進み出て、知らせを伝えた。こわばった顔でトロツキーは訊ねた。『ナターリャは知っていますか』『いいえ』とリヴェラは言った。トロツキーは答えた。『私から話します！』私たちはあわただしく車に乗った。私が運転し、リヴェラが助手席に座った。トロツキーはうしろの席で背筋をぴんとのばし、終始無言だった。コヨアカンに着くと、彼は直ちにナターリャと二人で自分たちの部屋に閉じこもった」

妻ナターリャ（ナターリャ・イワノーヴナ・セドーヴァ）は書いている。

「私はちょうど……古い写真、私たちの子供たちの写真を選り分けていたところだった。……ベルが鳴った。レオン・ダヴィドヴィチ（トロツキー）が入ってきたのを見て、びっくりした。私は出ていって、彼を迎えた。彼は、今まで一度も見たことがなかったほど深く頭をたれ、顔は灰色に青ざめ、急に老けて、やつれた様子をして、入ってきた。『どうしたんです？』私はびっくりして、聞いた。『お病気なの？』彼は、低い声で答えた。『リョーヴァが病気だ。僕たちの、可愛いリョーヴァが……』」

彼とナターリャは、悲痛のため茫然となり、秘書たちに会うことも、友人たちを迎えることも、慰めに応えることもできず、何日も彼の部屋に閉じこもったままだった。
八日後、彼は部屋から出てきたが、両の目ははれあがり、髭はのび、声を出すこともできなかった。何週間かたってから、彼はジャンに宛てて手紙を書いた。
「ナターリャは……まだ君に返事を書くことができないでいる。彼女は泣き泣き、君の手紙を何度も何度も読み返している。私も仕事のひまを盗んでは……彼女と一緒に泣いている」

トロツキーは、パリの病院における息子レオン・セドフに死をもたらした事情について、徹底的に調査の光をあてようとした。

フランスの友人や同志たちの協力を得て、セドフの奇妙な死の原因について調査が行われた。その結果、セドフは謀殺されたこと、暗殺はゲ・ペ・ウによって行われたこと、そしてレオン・トロツキーに対する個人的・政治的復讐としてスターリンによって指揮され、資金がまかなわれたということが、一点の疑いもなく明らかになった、として、一九三八年五月三一日、「レオン・セドフは暗殺されたか？」という声明に続いて、八月二四日、セーヌ県下級裁判所審問判事プスガに「ゲ・ペ・ウのセドフ殺害についての新たな証拠」を提出した。それは、一三項目にわたる詳細なものだった。

「一、私は数人のすぐれた医師の意見を聞きました。当然のことながら、このうち誰も、検死を行った権威あるフランスの専門家の意見から遠くへだたった意見をあえて表明しようとしたものはありません。しかし私が相談した医師たちは異口同音に、この事件の特殊な状況からするならば、調査は病気の経過と死の原因について十分に明らかにしているとは言い難いことに同意しています。

二、調査の不十分さはまさに外科医タールハイマー氏自身の態度によってはっきりしています。氏は『職業上の秘密』を盾に説明をこばんでいます。法律は医師にこの権利を認めています。しかし、医師にこの権利を行使することを強制してはいません。この事件においては、この医師には職業上の秘密の背後に隠れるなんらかの特別な理由があるといわざるをえません。タールハイマー氏の理由は一体何か？　この事件の場合、患者とその近親者に関して守らねばならない秘密などありません。従って、守られているのは医師自身に関する秘密です。この秘密はいかなるものでしょうか？　私はタールハイマー氏が何らかの犯罪行為を行ったと疑う理由はありません。しかし、次のことは極めて明らかです。即ち、もしセドフの死がその病気の性質からして当然であり不可避なものであったのならば、この外科医に、必要な説明を行うことを拒否したり、これを心理的に嫌がったりする理由は、いささかもなかったろうということです。タールハイマー氏は職業上の秘密に隠れて、病気の経過と死因には特殊な事情があるといいながら、これを明らかにすることに協力したがっておりません。タールハイマー氏の態度に何か　他の理由を求めることは不可能です。純粋に論理的に考えれば、この状況からは唯一の結論が出てくるだけです。即ち、この医師は次の三つのうちの一つから、職業上の秘密に訴えているのです。

（a）自分自身の犯罪を隠すため
（b）自分の怠慢を隠すため
（c）同僚、協力者、その他の犯罪か怠慢を隠すためタールハイマー氏のしゃくにさわるような沈黙それ自体が調査の方向をさし示しているといえましょう。とにかく、何としてもこの外科医が『職業上の秘密』の背後に隠れようとする動機、諸事情を明かるみに出すことが必要です。

三、診療所の所有者であるシムコフ氏の証言は不明瞭にして不十分、部分的には矛盾しています。彼は患者が誰だったかを知っていたのか、それも知らなかったのか？　この疑問はまったく明らかにされていません。セドフは『マルタン（フランス人の技師）』という名で入院していました。しかし診療所でシムコフ博士はロシア語でセドフと会話しています。まさにこのために、エスモン看護婦は、彼女自身の言葉によれば、『マルタン』がロシア人であるか、もしくはロシア語を話すことを知ったのです。調査報告自体が指摘しているように、セドフは安全のため偽名で登録していました。シムコフ博士はその理由に気がついていたのか？　もしそうだとしたら、なぜ彼はエスモン看護婦がいる時に、患者にロシア語で話しかけたのでしょうか？　もしそれが不注意のせいだとしたら、彼は他の場合にも同じ不注意を露呈したのではないでしょうか？

四、警察情報によると、院長のジルムンスキー博士は『ボルシェビキシンパ』の一人とみられていました。今日ではこの言葉は非常に限定されて意味を持ちます。つまりクレムリン官僚の友人であり、その代弁者という意味を。ジルムンスキーは患者が本当は誰かということを、患者が死んだ晩にモリニエ女史から聞いたと申し述べています。もしこの言葉が本当だとしたら、ジルムンスキーに患者の到着を電話で前もって通告したシムコフ氏は、もっとも近しい協力者に『フランス人技師』が本当は誰かということを隠したことになります。これは本当でしょうか？（すでに指摘したように）シムコフはエスモン看護婦の前で患者とロシア語で話をしました。ジルムンスキーはロシア語を知っていました。それとも、シムコフにはジルムンスキーに気をつける特別な理由があったのでしょうか？　それはどんな理由なのでしょうか？

五、『ボルシェビキシンパ』――この言葉は明確な性格を持っています。この点で調査は明らかに中途半端にとどまっています。ロシア人の亡命者にとっては、この『シンパシー』は今日では精神的シンパシーにとどまるものではありません。一般的に『シンパ』は白系亡命者に敵意を持つものです。ジルムンスキー氏はどのへんからその患者たちを紹介されていたのでしょうか？　それはソ連大使館、労働組合代表部その他のごたまぜでしょうか？　もしそうだとしたらゲ・ペ・ウの重要な手先たちが彼の患者に含まれていたことは疑いありません。

六、しかしどういうわけか、診療所の所有者シムコフ氏の政治的シンパシーについて関係書類には一言も述べられておりません。これは重大な欠落です。シムコフ氏とジルムンスキーの親密な協力関係からすれば、どうしてもシムコフ氏もソ連邦のグループに敵意を持っていたとは思われませんし、多分このグループにつながっていたと思わざるをえません。

七、シムコフ博士は医学雑誌『フランス―ロシア外科医術』の寄稿者でした。この雑誌はどのような性格を持っているのか？　これはフランス人医師とロシア政府のブロックの産物なのか？

あるいは逆の疑問だが、白系亡命者がロシア医学の名で登場できるのだろうか？　この疑問はまったく不鮮明なままであります。さらに、警察だけでなく子供さえも、ゲ・ペ・ウがとくにフランスでは医学界、司法界、文学界のあらゆる種類の平和主義者とその組織、その出版物の中に、罰せられることなく犯罪を犯すことを容易にするような支援体制を作り出していることを知っています。

八、判事殿、私どもはここで非常に重要な意味を持つ一つの事情について貴下の注意を求めずにはいられません。知られているように、シムコフ氏は今年不幸にも土砂崩れのために二人の息子を失いました。この二人の息子がどうなったのかまだわからなかった時、シムコフ氏はあるフランスの新聞のインタビューで、もし息子が誘拐されたとしたらそれはセドフの死に対する報復として『トロツキスト』によって行われたに違いない、と語っています。私はこの時それがあまりにも途方もないことなのでショックを受けました。私は、このような想定は、その良心が必ずしも清らかでない人か、あるいは私とセドフに強い敵意を持つ政治グループに加わっている人間――そこではゲ・ペ・ウは悲運な父親にこの途方もなく嫌悪すべき推測を吹き込むことができます――の心の中にしか生じないと率直に申し述べざるをえません。もしシムコフ氏が『トロツキスト』の組織的な肉体的絶滅の作業に従事しているグループと友好関係にあるとしたら、たとえシムコフ氏は知らなくても、その関係がセドフに対する犯罪に利用されたと推定することもまた難しくありません。

九、ジルムンスキー氏を始めとする診療所職員について、警察の調査は一貫してこれらの人々は政治活動に『参加』していないとの公式を繰り返し、だからこれらの人々をさらに調査する必要はないと考えています。この考えはまったくの誤りです。問題になっているのは公然たる政治活動ではなく、秘密の犯罪的なゲ・ペ・ウの任務なのです。この種の手先は、当然のことながら軍事スパイの場合と同様、アジテーションその他に加わって身を危うくするようなことは絶対に致しません。逆に彼らは極端に平穏な生き方をするものです。尋問されたもののすべてが異口同音に、実際の政治闘争に『参加』していないとして片づけられていることは、その背後に真剣な調査を避けようとの意図が隠されていないとしたら、警察の極端な無邪気さを証明するものでありましょう。

十、しかし、判事殿、真剣で、徹底的で、勇気ある調査なしには、ゲ・ペ・ウの犯罪を暴露することはできません。この組織の慣習と手口の概要を明らかにするために、私はソ連邦の公式の雑誌『十月』の今年三月号を引用したいと思います。そこには前のゲ・ペ・ウ長官ヤゴダの銃殺を決定した公開裁判に関する記事があります。このソ連邦誌はヤゴダについて『彼はしばしば単独で、あるいは追従者プラノフとともに、書斎に居残ったが、この時彼は自己の仮面を脱ぎ捨てていた。彼は薄暗い部屋の隅に行き洋服タンスを開けた。毒だ。彼はそれをじっと眺める。この人間の姿をとったけだものは、その毒を未来の犠牲者に割り振りながら、それが入ったビンを光にかざして眺め入るのであった』。ヤゴダは私自身、私の妻、私たちの子供の追放に一役買った人間でした。この引用で言及されているプラノフは、当局の代表者として中央アジアからトルコへ私どもに同行しました。ヤゴダとプラノフが告発されてしかるべき犯罪に関して有罪かどうか、私はここで議論しようとは思いません。私はただ、公式出版物の言葉の中に、スターリンの秘密警察の雰囲気と手口がはっきり出ていることについて注意を促したいのです。現在のゲ・ペ・ウ長官エジョフ、検事総長ヴィシンスキー、その他の外国にいる手先たちは、ヤゴダ、プラノフとなんら変わるところはありません。

十一、ヤゴダは私の娘たちを、一人は不慮の死に、もう一人は自殺へと追いやりました。彼は私の二人の義理の息子を牢獄にぶちこみ、つづいて二人は痕跡も残さず行方不明になりました。ゲ・ペ・ウは私の一番下の息子セルゲイを、労働者を毒殺したという途方もなく馬鹿げた容疑で逮捕し、そのあとセルゲイも行方がわからなくなりました。ゲ・ペ・ウは私の秘書二人、グレイズマン、プトフを迫害し自殺へ追いやりました。二人は、ヤゴダの指示による屈辱的な証言よりも死を選んだのです。ロシア人秘書の二人、ポズネンスキーとセルムクは、手がかりを残すことなくシベリアで消えていました。スペインではゲ・ペ・ウの手先は私の前の秘書でチェコスロヴァキアの市民である、エルウィン・ウルフを逮捕し、彼もまた手がかりなしに消えました。さらにごく最近ゲ・ペ・ウはもう一人の前の秘書、ルドルフ・クレメントをフランスで誘拐しました。フランス警察は彼を発見したでしょうか？　彼らはクレメントを捜そうといささかでもの努力を払ったでしょうか？　失礼ながら私はそのことを疑っています。上述した一連の犠牲者は、ただ私に非常に近かった人々をあげたにとどまります。私はロシアでゲ・ペ・ウの手により『トロツキスト』として粛清された数万の人々については申し上げません。

十二、ゲ・ペ・ウの敵でいけにえとしてマークされている者の中で、セドフは私と同様第一級にランクされていました。ゲ・ペ・ウは彼から目を離さなかった。少なくとも二年前ゲ・ペ・ウのギャングはゲームをやっているかのようにセドフのあとをつけました。このような事実はイグナス・ライスの殺人事件で議論の余地なく明らかにされています。ゲ・ペ・ウがセドフを見失ったことがあったか、そしてあのような非常な好機を見逃すようなことがあったか、そのようなことを一瞬たりとも想像することはできません。捜査当局にそのような想定を行う権利はありません。

十三、判事殿、オーレとボワレによって署名された警察の報告書は怒りを覚えることなしには読むことができません。セドフの生命を奪おうとする一連の試みがなされたことについて、この報告書は『一見したところ、彼の政治活動は彼の反対者にとって十分注視するに足るものであった』と述べています。この文章だけで、警察の正体が完全に暴露されています！　フランスでセドフの殺害が準備されたという問題が、フランス警察にかかると無名の『反対者』にとっての『十分に注視するに足る』問題、それも『一見したところ』、となるのです。

判事殿、警察は、私の文書庫の盗難事件を解明しようとしなかったように、またイグナス・ライス殺人事件の真相を明らかにしようとしなかったように、そして、ルドルフ・クレメントの誘拐事件を解明しようとしなかったように、真相を明らかにすることを欲していないのです。フランス警察とその上層部に、ゲ・ペ・ウは有力な共犯者をもっています。フランスにおけるスターリニスト・ギャングを刑罰から守るために大量の金がばらまかれているのです。さらにこれに加えて、『愛国的』『外交的』配慮が、スターリンに仕える殺人者をして、パリであたかも自国における かの如くのさばらしている事情を指摘せざるを得ません。これがセドフの死亡事件において、捜査がなぜ虚偽的な性格を帯びるのかという理由であります。

一九三八年八月二四日　　　　L・トロツキー」

この文書は『ソシアリスト・アピール』紙の一九三八年九月一〇日号に掲載された。

トロツキーは、フランス警察は殺人者たちを隠しており、この連中はフランスの街頭を公然と歩きまわり、革命家を傷つけ殺しているとし、事実を覆い隠すカーテンをはぎとり、労働者階級に真実を知らせている。しかし、トロツキーの訴えは無視されたのであろう。

ドイッチャーは、「トロツキーは、通りいっぺんの検死がゲ・ペ・ウの『完全で、深奥な』暗殺の技術を少しも考慮していないことを指摘したが、それも無益だった」と書いている。

トロツキーがわが子の喪に服するのは、これが三度目だった。その度毎に、いっそう大きな悔恨が伴った。

一九二八年に次女ニーナが死んだ時、彼は彼女を十分に慰めてやらず、彼女の最後の数週間も、彼女に手紙一つ書くことさえしなかったことで自分を責めた。

長女ジーナ（ジナイーダ・リヴォーヴナ・ヴォルコフ）が自殺した時、彼と彼女の気持ちは離れていた。

トロツキーとジーナの親娘の確執と葛藤は、ブルーエ『トロツキー』〔3〕所収の「家族をめぐる事件と悲劇」に詳しいが、その一部を紹介すると、ジーナは自殺するほんの少し前、一種我流の診断を自分の母親アレクサンドラ・リヴォーヴナ（トロツキーの先妻）に宛てて書き送っている。

「もうパパのところには行けないということが私には悲しいのです。ご存じですよね、生まれてこのかた私がどんなにパパを『敬愛』してきたかということを。でも今は、私とパパの関係はこじれてしまいました。私が病気になったのも、このことが原因なのです」

ジーナの母親は、自殺した娘の父親が娘に理解を示さなかったことに非難を加える。

「晩年の数年間、私たちの可哀相な娘の心には、あなたとの葛藤が重くのしかかっていたのです。……あの子は一人前の大人で、知的な交流を必要としていたのです。……ジーナは根っからの、社会に目を向ける類いの人間だったのです。……あなたとの意思疎通は、大いに埋合せとなったことでしょう。しかし、それは実現されなかったのです」

トロツキーは、取り返しのつかぬ自責の念に苦しんだ。

そして今、長男リョーヴァが、彼が死守するようにすすめたトロツキストとしての闘いの持ち場で、最期を遂げたのである。彼の子供たちの中で、リョーヴァのように、彼の生活と闘争の大部分を共にした者はいなかった。

喪に服していたこの頃、彼はリョーヴァの死亡記事を書いた。それは、世界の文学の中でも、ユニークな挽歌であった。

その中で彼は、率直に、優しく、リョーヴァの短い生涯を回想している。

「前世紀の末、私たちがともに戦列を組んで革命の道に入っていった古い世代の指導者たちのすべては、例外なく舞台から一掃されてしまった。ツァー政府の監獄も、苛酷な追放も、亡命生活の悲惨も、内戦も、疾病もなしえなかったことを、革命の最悪の災いたるスターリンは、ここ数年のうちに為し遂げたのだ。

これらの先輩の世代のすぐ後をついだ世代、即ち、一九一七年の年が生み出し、二〇年代の革命戦線のうちに形成された世代の最良の部分もまた、その後を追って絶滅されてしまった。レオン（愛称リョーヴァ）は、流刑、ついでトルコへと追放された私たちに同行したことから、奇蹟的にそれを免れたのだった。亡命生活のこの数年間、私たちは多くの友人ができた。そして、その中の何人かは、私たち家族の生活に深く結びつきその一員と見なされるまでになった。だがこれらの友人たちはみな、私たちがすでに老年にさしかかったこの数年のうちに初めて会ったものたちなのだ。ただレオンだけが私たちの若かった頃を知っていたのだし、彼は初めて自己を意識し始めたその時から、私たちの生活に加わったのだった。彼は私たちとともに二度目の亡命生活を過ごした。

……他の学生たちから区別されて扱われないために、レオンは、自発的にクレムリンから離れて、プロレタリア学生ホテルに住んだ。彼は官僚的な特権を享受するのが嫌で、私たちと一緒に自動車に乗ることを拒んだ。その代わりに、彼はあらゆる『共産主義奉仕団』や『義勇労働者班』に熱心に参加して、モスクワの街の雪掃きをしたり貨車から食糧や木材の荷下ろしをしたり、さらには、理工科学生として、機関車修理に働いたりしていた。内戦の戦場に彼が参加していなかったのは、ただ、その年齢に二つや三つ足し算をしたくらいでは間に合わなかったという理由からだ。彼がまだやっと一五歳にしかならない時、内戦は終結を見たのだった。だが、一度ならず彼は戦場へ私についてきたものだった。そうして、そこから彼は厳しい感じを受けもし、また、あれらの仮借なき戦いの理由を充分に理解もしたのだった。

この子供、この少年、やがて成長したこの若者の中には、義務と自己犠牲の感情が早くから目覚めていた。一九二三年、レオンは突然に、そして全面的に反対派活動に没入していった。そこに両親の影響しか見ないとすれば、それは正しくない。彼の政治的方向は、クレムリンの自動車よりも満員電車のほうを好ませたあの同じ本能によって定められていたのだ。反対派の掲げた政策は、彼のもっていた性格的特質に政治的表現を与えただけだった。レオンは、父親の官僚どもが『トロツキズム』から引き離してしまった友人の学生たちと、いささかも屈することなく交わりを絶ち、再び、自発的労働者同志たちの道を歩き始めた。こうして、一七歳の年、彼は完全に自覚的な、革命家の生活をし始めたのだった。彼はたちまちにして、秘密活動の技術をわが物としてしまった。非合法集会や、新聞の地下出版や、反対派文書の配布などの……。学習活動においては、彼はすぐれた数学的才能によって抜きん出ており、いつも、中等教育を受けていないプロレタリア学習者たちに助力しようとしていた。そして、この仕事に熱情を傾けていて、説明し、訂正してやり、怠け者を叱りつけていた。彼は自分の未熟な教育活動をその階級に捧げるべき仕事と見なしていたのだった……。反対派の政治的絶滅が開始された一九二七年冬、彼は二二歳になった。すでに一人の子持ちで、その子を彼はクレムリンの私たちのところへ得意になって見せにきたものだった。が、一瞬のためらいもなく、中央アジアへと送られる私たちと運命を共にするために、その幼い家庭と子供とに別れを告げたのだ。彼はただに息子としてではなく、何よりも思想的同志として行動した。この時、何はおいても、モスクワとの間の連絡を保つ必要が私たちにはあったのだ。

雑然としたアルマ・アタ公共図書館で、レオンは、ソヴィエト時代に入って以来の『プラウダ』の綴込みを検討し、何ものも見逃さぬ探求精神をもって、必要不可欠な引用や要約を書き抜いた。この貴重な資料や、また、その後、トルコに始まってベルリン、パリに至る記録保管所や図書館で彼がし遂げた調査研究なしには、この一〇年余の間に私の書いたもののどの一つも仕上げられはしなかったのだ……。一九二八年以来の私の著作のほとんどには、まさに当然のこととして、私の名と並べて私の息子の名が冠せられるべきだろう……。けれども、これほどに緊密な協同作業が行われていたにしても、それが、私たちの間には何の摩擦もなかったということを意味するわけではない。いや、時としては、激しい意見の対立さえもあったのだ。若干の反対派の『古強者たち』に対する彼の絶対的な評価に反対して、私は徹底的な修正や叱責を加えていただけでなく、さらに、実際的問題についてはそれが私の癖である、無理な要求や形式主義を私たちの関係に持ち込まれるがままにしていたのだ。広汎な仕事を遂行しようとするには有効であり、また不可欠だとさえいえるこのような性質は、しかし、私的な人間関係にあってはかなり耐え難いものであり、私の最も親しいものたちに困難な務めを負わすものだった。そうして、すべての若者たちの中で最も私に親しいものとは、息子だったのであり、彼は、他の誰よりもそれに耐えなければならなかった。皮相な観察者の眼には、あるいは、私たちの関係は厳しいもの、よそよそしいものと見えたかも知れない。しかし、そのような外見の下には、血のつながりというようなものよりも遥かに大きな何かの上に成り立つ、深いお互いの結びつきが存在していたのだ。即ち、思想や意見を共にする者のつながり、共に生きる者の持つ共感や憎しみや喜びや苦しみの上に成り立つものが……。

……だが、いつも彼の関心の的となっていたのは、ロシアにおける事件だった。プリンキポではすでに、彼はロシア語版反対派新聞の発刊（一九二九年半ば）以来の活動的編集者となっており、またこの新聞のベルリン移設（一九三一年初め）以後は、その発行の仕事を決定的に引き受けてきたのだった。『新聞』はベルリンからやがてパリへと移されることとなった。私たちが受け取ったレオンの最後の手紙は、一九三八年二月四日、即ち、その死の一二日前に書かれたものだ。それは、このような文章で始まっている。

《校正刷りの『新聞』をお送りします。というのは、次の船便はそうすぐには出ないでしょうし、『新聞』は明日の朝にならないと出来上がらないからです……》

二月一六日、当地の夕刊紙に、外科手術の結果レオンが死亡した旨を伝える短い記事が載った。急ぎの仕事にかかっていたために、私はそれらの新聞を読まなかったのだ。ディエゴ・リヴェラが自ら無電でそのニュースを確かめてくれ、それからこの残酷な知らせを私に告げにきてくれた。私たちの息子の死を、この二月という月、三二年前——その時私は獄中にいた——彼の誕生を彼女が知らせてくれたその同じ二月に、ナターリャに知らせてやらなければならないのは、この私だった。こうして、私たちの個人生活における最も暗い日、二月一六日が終わったのだった」（「息子、友、闘士たるレオン・セドフ」、A・ロスメル「地球の上をヴィザもなく」所収）

次男セルゲイも、また死んだことが、ほぼ確実であった。

一九三七年の初め頃、モスクワのブトィルキー監獄で彼と一緒の監房に入っていた一人の政治犯（ヨセフ・ベルガー。スターリンの各所の監獄や強制収容所で二三年間過ごし、一九五六年に釈放され、復権された人物）から、次のような報告が伝えられている。

一九三六年、ゲ・ペ・ウは何ヵ月にもわたってセルゲイに、父親と父親が主張している一切のことを公然と非難するよう強要した。セルゲイはそれを拒否して、強制収容所での五ヶ年の強制労働を宣告され、ヴォルクタへ追放された。トロツキストたちは、この年の末頃、他の多くの収容所からここへ集められているところだった。ここの鉄条網の背後で、セルゲイは初めて彼らと緊密な関係を持つようになったのである。彼は今までもなおトロツキストだと考えることを拒否していたが、しかし、彼の父の支持者たち、ことにほとんど一〇年間も屈服することなしに抵抗し続けている父の支持者たちのことを、深い感謝と尊敬の念をもって語った。彼らがハンガーストライキを宣言し、三ヵ月以上も続けた時、彼もこれに参加した。一九三七年の初め、彼はさらにもう一度訊問されるためモスクワへ連れ戻された。この報告を語った人物は、間もなくセルゲイの姿を見失ってしまった。しかし、他の囚人たちから、彼が処刑されたことを聞かされた（ドイッチャー『追放された予言者・トロツキー』）。

トロツキーの子孫のうち、ソ連国外には、今はただ一二歳になる長女ジーナの息子セーヴァ（エステバン・ヴォルコフ。メキシコ国籍になる前の名は、フセヴォロド・プラトノヴィチ・ヴォルコフ）が生き残っているだけだった。他の孫たちがどうなったか、少しもわからなかったし、未だに不明である。

セーヴァは母親の自殺後、リョーヴァとジャンヌの手で育てられた。自分に子がないジャンヌは、セーヴァの母親となり、彼を熱烈に、それこそ憑かれたように可愛がった。トロツキーは、リョーヴァの死後、彼女に手紙を書き、子供と一緒にメキシコへくるように勧めた。しかし、繰り返し勧めたにもかかわらず、彼女はメキシコへ行くことも、子供をメキシコへやることも拒否した。結局、裁判沙汰になり、法廷は二度までトロツキーに有利な判決を下して、孤児が確実に祖父に引き渡されるようにするため、責任者を任命した。しかし、ジャンヌはそれに応ずるのを拒否して、子供をパリから連れ出し、どこかへ隠してしまった。マルグリット・ロスメルは、長い間探し回り、ようやく子供の行方がわかり、叔母ジャンヌの手から子供をもぎ取るようにして、奪い返した。

1939年末のトロツキー、ナターリャ、セーヴァ〔長女ジナイダーの息子、のちトロツキー博物館館長〕
(『追放された予言者トロツキー』より)

一九三九年一〇月、ロスメル夫妻はついにトロツキーの孫をメキシコへ連れてくることができたのである。その時、セーヴァ(エステバン・ヴォルコフ)はコフ）、一三歳であった。

エステバン・ヴォルコフは語る。

「レオン（リョーヴァ）が死んでジャンヌは私を手放すのを惜しんだ。そこで、その時すでにメキシコに移り住んでいた祖父はわたしを呼び寄せるために法的な手続きというか、つまり自分の養育権を主張して訴訟を起こした。そして三九年に、養育権は祖父のほうにあるという裁判所の判決が下り、フランスのトロツキストであったロスメル夫妻に連れられて、わたしはメキシコに渡ることになった。

マルセーユからシャンプラン号という船に乗った（この船はのちにドイツのUボートに撃沈された）。船旅は面白かった。いやな記憶はない。突然、船からマンハッタンが見えたときはびっくりしたものだ。船はニューヨーク経由で、メキシコに着くまで一週間かかった」（岩切徹『亡命者』「エステバン・ボルコフ」）

たった一人の孫エステバン・ヴォルコフが、結局、祖母ナターリャとともに祖父トロツキーの悲劇的な最期を看取ることになるのである。

第六章　アンドレ・ブルトンとの交流

リョーヴァが死んでから約六週間後、三月の終わりか四月の初め、シュルレアリズムの首領であり、当時トツロキー主義者でもあった詩人アンドレ・ブルトンが外務省の肝煎りでメキシコへ講演旅行にくることを知ったトロツキーは、ブルトンの本をまだ一冊も読んだことがなかったので、秘書のジャン・ヴァン・エジュノールにブルトンの本を手に入れるよう命じた。時間的余裕がないので、パリからではなく、ニューヨークから取り寄せたほうが早いだろうと、四月九日、エジュノールはハロルド・アイザックに手紙を出し、ニューヨークで集められる限りのブルトンの本を送ってくれるよう頼んだ。四月末、『シュルレアリズム宣言』『ナジャ』『通底器』その他一、二冊の本が届いた。エジュノールは新しい本のページを切り、トロツキーに渡した。

一九三八年四月下旬、ブルトンとジャクリーヌ夫人がメキシコに到着した。夫妻は最初、リヴェラの先妻グアダルーペ・マリンのメキシコ・シティのアパートに滞在し、その後サン・アンヘルのリヴェラ邸に移った。

五月上旬、トロツキー夫妻とブルトン夫妻がコヨアカンで初めて会見した。ブルトンはトロツキーと初対面だった。

ブルトンはトロツキーと初めて対面した時の緊張した模様を、次のように語っている。

「いよいよ『青の家』の門が少し開くのを見ると、心臓がドキドキしてまいりました。私は人について庭を通りぬけました。一面にバラ色や紫色の花を咲かせているブーゲンビリア、いつに変わらぬサボテン、それから家主のディエゴ・リヴェラが丹念に集め、小道にそって配置した石像が見えます。しかし、私にはそうしたものをゆっくり眺める時間的余裕などほとんどありません。私は本がたくさん並ぶ明るい部屋に通されました。

みなさん、その時です。部屋の奥に同志トロツキーが立っていました。まさしくその時、私の抱いてきたイメージと彼の実像がいれかわったのです。実物の彼はなんと若々しいのでしょう。私はその驚きをどうしても彼に伝えたくてたまりませんでした。彼の自制心、何に対しても原則的な生き方を完全につらぬいてきたという確信、いかなる試練にも耐えてきた勇気のものすごさ、こうしたもののおかげで彼の若さが保たれてきたのです。青く澄んだ瞳、立派な額、ふさふさの銀髪、若い乙女のような顔色、そうした彼の顔は内面のおちつきを強く感じさせます。このおちつきは最も苛酷な環境になっても決して失われるものではありません。しかし、これはもちろん彼の動きが加わる前の姿です。つまり、いったん表情が動きはじめ、両手も類を見ないほどのこまやかな動きでニュアンスを伝えようとしだすと、彼の全身から電気のようなものが放たれてきます」（アンドレ・ブルトン講演『トロツキーを訪れて』〔1〕、『トロツキー研究』八号所収）

最初の会見は、パリでのモスクワ裁判調査委員会の仕事のこと、ジードの態度、マルローの態度などが話題になった。いろいろな情報が取り交わされたが、話は大きなテーマには発展しなかった。

二度目の会見は、五月二〇日に行われた。

エジュノールの備忘録によると、トロツキー夫妻、ブルトン夫妻、エジュノールがトロツキーの書斎に腰を落ち着けると、途端にトロツキーはかなりせっかちな感じで、あらかじめ準備していたかのように、熱烈にゾラを擁護し始めた。トロツキーはシュルレアリズムを、ゾラ流の狭い特殊な意味における「レアリスム」への反作用と見たのだろう。

トロツキーは言った。

「私はゾラを読むと、自分の知らなかったさまざまな事柄を発見し、より大きな現実を洞察することができる。つまり幻想的なものとは即ち未知なるもののことなのです」

ブルトンはいささか驚いて固くなり、椅子の背にぴったり背中を押しつけた姿勢で言った。

「そう、その通りです、異議はありません、ゾラにはポエジーがあります」

トロツキーは続けて言った。

「あなたはフロイトを援用なさるけれども、それはちょっと逆ではないだろうか。フロイトは意識の中に潜在意識を浮かび上がらせる。あなたは無意識によって意識の息の根を止めたいのではありませんか」

ブルトンは、「いや、そんなことはありません」と答え、それから不可避的な質問を発した。

「フロイトはマルクスと両立するものでしょうか」

トロツキーは答えた。

「さあ、それは……そのあたりの問題はマルクスも考究しなかった。フロイトにとって社会とは一つの絶対だけれども、『幻想の未来』では少しばかり様子が違って、社会とは抽象化された強制の一形式ということになっています。その社会を徹底的に分析する必要がある」

ナターリャがお茶をいれ、会話の緊張が少し緩んだ。

話題は、芸術と政治の関係ということに転じた。トロツキーは、スターリン主義的な組織に対抗するために、革命的な芸術家や作家の国際的組織の創設を提唱した。これは明らかに、ブルトンのメキシコ訪問を知った時からトロツキーが考えていた計画だった。

『マニフェスト（宣言文）』の話になり、ブルトンはその草稿を書くことを引き受けると明言した。

それからあとは、もうトロツキーの書斎での話合いではなく、一同は打ち連れて小旅行に出かけたり、メキシコの田舎へピクニックに行ったりした。

ブルトンはトロツキーとの小旅行の思い出を次のように語っている。

「私は同志トロツキーにその後ひんぱんに面会することができました。それまで私にとって伝説的だった人物が、いまやまったくの現実で、この手でさわれる存在となったのです。いま目をつぶれば、メキシコ特有の風景の中にいる彼の姿ばかりが浮かんできます。焼けるような日差しの下、ブンブンという蜂鳥の音が聞こえるクエルナバカの庭園の木陰で、彼は眉をひそめながらパリの新聞をめくっています。そのかたわらにいる同志ナターリャ・トロツキーは大変印象的で、包容力のある優しい女性です。彼女は珍しい花をあれこれと指さして、私にその名前を教えてくれました。トロツキーが私と一緒にソチカルコのピラミッドにも登ったことが思い出されます。また別の日には、ポポカテペトルの凍りついた火口湖のそばで昼食をともにしました。朝、パスクアロ湖の中の島に行ったこともあります。島の小学校の先生はトロツキーとリヴェラの知り合いで、生徒たちによるタラスコ〔インディオの一種族〕語の古い民謡を聞かせてくれました。森の小川の急流に糸をたらして、アホロートル〔幼生型のサンショウウオ〕という両生類をつったりもしました。同志トロツキーほど好奇心旺盛な人はいないと思います。珍しいことには何でも興味を示すのです。一緒に旅行をしてみて、彼ほど大胆で器用な人間はいないと思いました。とにかく、彼には今でも子供時代と変わらぬ新鮮な心根がそのまましっかりと残っていることは明らかです」（前掲書。これはブルトンがメキシコから帰国後の一九三八年一一月一一日、POI〔国際主義労働者党〕での講演記録である）。

ブルトンのメキシコでの最初の講演は国立芸術院で行われることになっていた。メキシコのスターリニストの一団がこの講演会を妨害するのではないかと、トロツキーは心配した。そこで、秘書に警備体制を密かに整えるよう指示した。メキシコのトロツキスト・グループの人たちが会場の要所々々に目立たぬよう待機した。結局、何一つ起こらなかった。しかし、ブルトンの文芸講演会の警備のために、トロツキーがためらうことなく政治グループのメンバーに呼び出しをかけたということは、ブルトンに対する彼のなみなみならぬ好意を物語っている。

そのうち、トロツキーはブルトンに、『マニフェスト』の草稿を早く見せるよう催促し始めた。トロツキーの熱い息をうなじに吹きかけられたブルトンは体が痺れたようになり、全然筆が進まなかった。「何か見せて頂けるものはないのかな」と、顔を合わせるたびにトロツキーは訊ねた。「こうしてトロツキーは学校教師の役割を演じ、ブルトンは宿題をやってこない反抗的な生徒といった格好だった」（エジュノール）。

ブルトンは苦悶した。この情況はだらだらと続き、ブルトンの精神的な痺れはますますひどくなった。二人は、八回から一〇回前後、顔を合わせただろうか、とエジュノールは書いている。

『マニフェスト』の件は、こうしてようやく袋小路を脱した。エジュノールによると、最初に一歩を踏み出したのはブルトンのほうだったという。彼は独特の細かい字を連ねた手書き原稿数枚をトロツキーに渡した。トロツキーはロシア語で数枚の原稿を口述し、エジュノールがそれをフランス語に翻訳してブルトンに見せた。それから新たな話合いがあり、トロツキーは両者の原稿を一緒にして、それらを切り抜き、あちこちに若干の言葉を付け足してから全部を貼り合わせ、ちょっとした巻物のようなものを作った。その最終的なテキストを渡されたエジュノールは、トロツキーのロシア語の部分を翻訳し、ブルトンの文章はそのまま活かして、全体をフランス語のタイプで打った。このタイプ原稿を両者が了承したのである。一九三八年七月二五日、『自由な革命的芸術のために――独立革命芸術国際連盟結成に向けたマニフェスト』がついに完成した。

『マニフェスト』は、政治的抑圧であるスターリン主義とファシズムから自由な、芸術の創造を呼びかけたものだった（中原佑介『一九三〇年代のメキシコ』）。

その後半部分にはこう宣言されている。

「このマニフェストの目的は、すべての革命的作家と芸術家が連合する共通の地盤を見つけ、彼らの芸術によって革命に奉仕し、革命の簒奪者から芸術そのものの自由を守ることにある。たとえいかに異なった種類の美学的、哲学的そして政治的傾向でも、ここに共通の基盤を見出すことができると、われわれは信じる。マルクス主義者と無政府主義者はヨシフ・スターリンと彼の手先ガルシア・オリベルに代表される反動的警察精神を容赦なく拒絶するなら、ともに手をたずさえて前進することができる。

われわれは何千という孤立した思想家や芸術家が今日世界中にちりぢりになって、彼らの声が訓練の行きとどいたうそつきの大きなコーラスの中に呑み込まれていることをよく知っている。何百もの小さな雑誌はそのまわりに若い力を糾合しようとしている。この若い力は新しい道を探し求めているのであって補助金を得ようとしているわけではない。芸術におけるすべての進歩的な傾向はファシズム同様、スターリン主義からも破滅の手が及んでいる。独立した革命芸術は今や反動的迫害に対する戦いのために力を合わせなければならない。そのような力の結合こそが独立革命芸術国際連盟（ＦＩＡＲＩ）の目的であり、われわれはこれを結成することが必要であると信じる」

文末で『マニフェスト』は、次のようなスローガンを掲げている。

「われわれの目的は
〟革命のために——芸術の独立を〟
〟芸術の完全な解放のために——革命を〟である」

エジュノールによる

左からリヴェラ、トロツキー、ブルトン　　（『RIVERA』）

と、全テキストの半分弱をトロツキーが、半分強をアンドレ・ブルトンが書いたのだった。リヴェラはこの文章の執筆にまったく関与していなかったが、芸術家たちを対象としているため、『マニフェスト』はブルトンとリヴェラの二人の署名によって公表された。ブルトンは、リヴェラはただ署名しただけであって、トロツキーはこの宣言の主要な著者であるが自分が署名するのはまずいと判断した、と言っている。

トロツキーとブルトン

の最後の会見は、ブルトンのフランス帰国の直前に行われ、それは、暖かい友情に満ちた会見だった。今にも戦争が始まりそうな情勢で、ブルトンはフランスへ帰れば召集されるかも知れなかった。一九三八年七月末のことである。

コヨアカンの「青い家」の、日差しの強い中庭で、サボテンやオレンジの木、ブーゲンビリヤやたくさんの土偶に取り囲まれて、別れの挨拶が取り交わされ、その時トロツキーは書斎へ行って、共同で書いた『マニフェスト』の生原稿を持ってくると、それをブルトンに渡した。ブルトンは非常に感激した。トロツキーとしては珍しい友情の意思表示だった。

フランスへ帰ると、案じられていた通り、ブルトンは召集されたが、軍隊にいた期間はほんの数週間だった。

そして、先ほども少しふれたが、一一月一一日、アナルコサンディカリストの労働組合、労働国民連合主催の十月革命記念集会で、『レオン・トロツキー訪問（あるいは、トロツキーを訪れて）』と題して講演を行い、メキシコでトロツキーと過ごした日々を回想したのである。

七月に帰国したブルトンは、九月には約六〇名におよぶ知識人、芸術家、そして作家の参加を首尾よくとりつけることができた。

その中には、ジャン・ジオノ、アンリ・プラーユ、マルセル・マルチネ、イタリア人のイグナツィオ・シローネ、オランダ人のジェフ・ラスト、チェコスロヴァキア人のカレル・テーゲルなどがいた。米国では、『パーティザン・レヴュー』誌の肝煎りで、一九三九年三月になって、やっと三〇名ばかりのアメリカの知識人たちによって、『文化の自由と社会主義のための同盟』が創設されることになった。

しかし、実際のところ、『革命芸術国際連盟』の世界大会や正式な発足は日の目を見ることはなかった（ピエール・ブルーエ『トロツキー』〔3〕）。

一九三八年の夏中、トロツキーは第四インターナショナルの「創立大会」のための「綱領草案」と諸決議案の準備に忙殺された。

一九三八年九月三日、パリに近い村ペリニーのアルフレッド・ロスメルの家で第四インターナショナルの「創立大会」が開催された。一一ヵ国の組織を代表する二一名が参加した小さな会議であった。大会は、トロツキーの長男リョーヴァ、ルドルフ・クレメント（ハンブルクの学生。プリンキポ、バルビゾンでトロツキーの秘書を勤める。一九三四年六月、国際書記局の執行書記となり、ゲ・ペ・ウの追跡を受けていた。一九三八年七月八日、パリの地下鉄で政治的な資料が入った書類カバンを盗まれた。一週間後、セーヌ川で彼の切断された死体がいくつかの包みに入れられ発見された）、エルウィン・ウォルフ（チェコスロヴァキア国籍。ベルリンで学び、ドイツの反対派に加わる。パリに在住し、ＩＫＤグループを指導。一九三五―三六年、ノルウェーでトロツキーの秘書を勤める。国際書記局によってスペインに派遣され、二回目の逮捕で消息を絶つ）の三名の若い殉教者を名誉議長団に選んだ。ゲ・ペ・ウの新しい不意打ちを防ぐために、大会は準備会議を一回開いただけで、丸一日、休みなしに続行された。

創立大会の議長は、マックス・シャハトマンが勤めた。大会は、その日一日の会議で、各委員会の報告と諸決議を採決した。決議の大部分は、トロツキーのペンになるものであった。会議は、トロツキーを「執行委員会の秘密の名誉委員」に任命した。

「創立大会」に関するメッセージの中で、トロツキーはこう言っている。

「今後、第四インターナショナルは、大衆運動の任務に当面する……今やそれはこの……時期を動かす原動力は何かに関する明瞭な観念ばかりでなく、大衆を革命的権力闘争のために統一することのできる、多くの日常の要求をもっている、唯一の組織である」

さらに続けて彼は言う。

「われわれの今日の実力と明日のわれわれの任務との間の食い違いは、われわれの批判者よりもわれわれのほうがいっそうはっきり知っている。だが、現代の厳しい、悲劇的な弁証法は、われわれに有利に働いている。〔戦争によって〕完全な絶望と憤激にかりたてられる大衆は、第四インターナショナルが彼らに提供する指導部以外、どんな指導部も見出しはしないだろう」

トロツキーは新しいインターナショナルの使命を、ほとんど神秘的な調子で、いっそう自信をもって称揚した。「今から三年ないし五年すれば、第四インターナショナルは世界の一大勢力となるであろう」とまで言っている。

しかし、「第四インターナショナルの最も強力な支部」と目されたソ連では、彼の支持者たちは、絶滅されていた。ヨーロッパとアジアにおける彼の支持者は、減少しつつあった。ラインの東とアルプスの南の、ほとんどすべての国で、労働運動は粉砕されていた。ドイツ、オーストリア、そしてまたやがてチェコスロヴァキアの、ヒットラー支配のもとでは、どんなマルクス主義運動も行うことはできなかった。フランスでは、人民戦線は失望のうちに崩れ去っていた。スペインでは、左翼は軍事的に征服される前に、すでにモラル的に自ら敗北しており、内乱は終わりに近づきつつあった。ヨーロッパ大陸全体が政治的に打ちのめされて、ただヒットラーの武力に蹂躙されるのを待っていた。

中国においてさえ、第四インターナショナルはその名にふさわしいだけの支部を持たなかった。地下活動をしていたトロツキストのグループは、上海に二十数名、香港に数十名、中支や東部の諸省に散らばっていた小さなサークルから成っていた。

　陳独秀がトロツキズムを受け入れたあとですら、彼らはどうしても孤立から抜け出すことができなかった。陳独秀は、監獄で六年過ごした。釈放されると、遠い重慶の農村に追放され、政治運動をしたり、著書を発表したりすることを禁じられた（彼は、一九四三年、蒋介石の警察に投獄され、殺害されてしまう）。

　トロツキズムが多少とも活動した唯一の国は、アメリカ合衆国であった。

　一九三八年一月、分裂と合同をくり返したあと、社会主義労働者党（ＳＷＰ）が結成された。そして、間もなく第四インターの「最強の支部」の称号を獲得した。首脳部には、ジェイムズ・Ｐ・キャノン、マックス・シャハトマン、それにジェイムズ・バーナムがいた。

　この頃、アメリカの急進的なインテリゲンチャ、ことに文学者サークルの中でトロツキズムが盛んになっていた。トロツキズムは彼らにとって、左翼の沈滞した空気に吹き込んできて、新しい地平線を開いてくれる、新鮮な微風のように思われた。文学者や学者たちは、トロツキーの闘争の劇的なペイソス（悲愴感）と、彼の雄弁と文学的天才に感動した。トロツキズムは一種の流行となって、アメリカの文学に多くの影響を与えた。

　トロツキズムの影響を受けた作家、ことに批評家たちの中には、エドマンド・ウィルソン、シドニー・フック、ジェイムズ・Ｔ・ファレル、ドワイト・マクドナルド、チャールズ・マラマット、フィリップ・ラーヴ、ジェイムズ・ローティ、ハロルド・ローゼンバーグ、クレメント・グリーンバーグ、メアリー・マッシー、その他非常に多数の者がいた。

『パーティザン・レビュー』誌は、これらの「文学的トロツキズム」の中心となった。

この雑誌は、ジョン・リードクラブと、間接にはアメリカ共産党の援助のもとに発行された。ところが、編集者たちは、党の文学への干渉に腹を立て、党の政治方針が猫の目のように変転することに不安を感じ、モスクワ裁判に愕然として、ついに雑誌の発行をやめてしまった。一九三七年末に、彼らはまた雑誌を再刊した。しかし、方針は変えた。革命的な社会主義を擁護し、スターリニズムに反対することになった。編集部はトロツキーに寄稿を依頼してくるようになった（ドイッチャー『追放された予言者・トロツキー』）。

第四インターナショナルの創立大会の会議には、インターナショナルの「ロシア支部」を代表して、エティエンヌが出席していた。また、二人の「客員」も出席していた。

一人は、シルヴィア・エイジロフ（一九〇九年生）という、ニューヨークからきたアメリカ人のトロツキストで、通訳の仕事をした。彼女は少し前にアメリカからやってきていて、パリでジャック・モルナールと称する男に会い、その愛人となった。この男は極秘の会合などには少しも興味を示さず、ただシルヴィアが出てくるのを待っているのだというようなふりをして、会議の外のあたりをうろついていた。

実は、この男こそ、スターリンの謀略機関が放ったトロツキーの暗殺者、スペイン人のテロリスト、本名ラモン・メルカデルであった。

スターリンのトロツキー暗殺計画は、極秘裡に着々と進められていたのである。

第七章　ディエゴ・リヴェラとの訣別

一九三九年三月、秘書のエジュノールはコヨアカンに新しい家を見つけた。それは、家賃は非常に安かったが、ひどく荒れた家だった。実のところ、「青い家」からさほど離れていないビエナ（アヴェニーダ・ヴィエーナ）通りに面したこの家には誰も住んでいなかった。持ち主はメキシコ・シティに住むトゥラーティという商人で、これはもともと郊外の別荘だった。持ち主はたとえ店子がトロツキーだろうと、この家を貸すことに大変乗り気になっていた。

この家には有利な点もあった。部屋数が割に多く、広い庭があり、四方に壁があり、その一画には当時まだほとんど家がなかったので、周囲を見張ることが容易である。

だが、床の一部が抜け落ちているので、住める状態にするにはかなり手がかかる。家具も新たに入れる必要があった。メルキアデスというメキシコの若いトロツキストが人手を集めて仕事にとりかかった。五月上旬になって、ようやくロンドレス通りからビエナ通りへの引っ越しが行われた。トロツキー夫妻は五月五日に新居へ移った。

トロツキーがここへ引っ越してくるが早いか、ゲ・ペ・ウがここを買い取ろうとしているという噂がたちまち広がった。トロツキーはその先手を打って、この屋敷を自分で買い取った。生まれて初めての不動産取引のため借財しなければならなかった。

また、肉体的暴力を加えるといって、スターリニストが絶えず脅かしていたため、家に防衛工事を施す必要があった。早速、ドアはすべて厳重にかんぬきで閉ざされ、壁には土嚢が積まれ、非常警報器が取りつけられた。表通りには、昼夜、五名の警官が警戒していた。家の中では、八名から一〇名のトロツキストたちが警備していた。トロツキストたちは、この家に起居していて、交代で門衛をつとめ、そのあとで秘書の仕事をやり、家の仕事に携わり、定期的な討論に加わった。後には、入口の門のところに監視塔が建てられた。

トロツキーはなぜ「青い家」を出たのか。

詳細は不明だが、二年間続いたディエゴ・リヴェラとの不仲、そして政治的訣別が主な原因であろう。二人の争いの背後には、いくつかの事件の積み重なりがあった。

一九三八年九月三日に開催された第四インターの創立大会に、トロツキーはリヴェラも出席するものと思っていた。

そのためパリの組織者たちに向かって次のような手紙を書いた。

「諸君は彼を……個人的に……招請し、現代の最も偉大な芸術家であり、不屈の革命家でもある彼を、その隊列にもつことは、第四インターナショナルの誇りである、と強調すべきである。われわれはディエゴ・リヴェラに対して、少なくともマルクスがフライリヒラートに対し、レーニンがゴーリキーに対したと同じように、丁重な態度をとるべきである。芸術家として、彼はフライリヒラートやゴーリキーよりもはるかにすぐれており……真の革命家である」

しかし、リヴェラは創立大会に出席しなかった。トロツキーは不満だったに違いない。エジュノールによると、メキシコのトロツキスト・グループの活動家はせいぜい二、三〇人だった。これほどの小人数にもかかわらず、グループは二派に別れていた。一つはオクタビオ・フェルナンデスを中心とする分派であり、もう一つはガリシアの周囲に集まった一派である。どちらの分派に属していようと、彼らはトロツキー邸の夜間警備には積極的に力を貸してくれた。毎夕、二、三人ずつコヨアカンの家にきては、翌朝帰って行った。トロツキーはこの人たちと話合い、さまざまな助言によって分派抗争を調停していた。

リヴェラはどちらの派にも加担しなかった。彼は風変わりなメンバーだった。絵が売れれば多額の金が入ってくるリヴェラは、絶えずグループに経済的に援助をしていた。何らかの行動、例えばポスターの印刷とか集会とかが計画されると、リヴェラはその行動に賛成の時は直ちにたっぷりと資金を提供し、そうでない場合は知らんぷりするといった調子で、結果的には自分の意思をグループに押しつけるのだった。このような情況がグループ内部に緊張を招くことは目に見えている。本当はリヴェラは日常活動から離れた立場に立ち、ただの寛容な一シンパでいてくれたほうがよかったのである。だが彼は、あくまでもグループ内の日常に参加したがっていた。

フリーダ・カーロ〔22歳〕とリヴェラ〔1929年〕（『RIVERA』）

芸術家特有の気まぐれな態度だったと言えよう。

そこで、まず国際書記局が、次いで第四インターナショナル創立大会が、このメキシコ支部の改組を指令する決議を採択した。

その決議には、次のような部分がある。

「同志ディエゴ・リヴェラに関しては、この同志が過去においてメキシコ支部内の人間関係に幾多の支障を生ぜしめた事実にかんがみ、再建された組織にはこの同志を加えぬよう勧告する。ただし、第四インターナショナルに関するこの同志の仕事および活動はインターナショナル副書記の直接の監督下に置かれるものとする」

リヴェラは、このような決議を素直に受け入れるような男ではなかった。いずれ衝突が起こることは確実であり、不可避であった。

「死者の日」は、メキシコの民衆的な祭りである。その日は爆竹を鳴らし、関節をつなぎ合わせたボール紙の骸骨が担ぎ出され、人々は通りを練り歩く。子供たちはバラ色の砂糖で作った骸骨やマシマロの頸骨など、気味の悪い砂糖菓子を食べる。

エジュノールによれば、一九三八年一一月二日の昼過ぎ、リヴェラがコヨアカンの家にやってきた。彼は紫色の砂糖で作った大きな髑髏をトロツキーに差し出した。その額の部分には白い砂糖で「スターリン」と書かれていた。トロツキーは何も言わず、リヴェラが帰るや否や、それを取り壊すようエジュノールに命じた。無邪気なリヴェラの行為はトロツキーには通じなかったのである。

一九三八年一二月の終わり頃、火薬に点火する役割を果したのは、ブルトン宛てのリヴェラの手紙だった。リヴェラはフランス語の手紙を書く必要が生じた時は、トロツキーの秘書のエジュノールの助けを借りるのを常としていた。一九三八年一二月末のその日も、彼がアンドレ・ブルトン宛ての手紙を書くというので、エジュノールはサン・アンヘルの彼の家に行った。リヴェラは口述を始めた。間もなく、トロツキーの「メトード」(流儀)を非難する言葉が現れた。エジュノールは書く手を止めた。『続けて、続けて、心配いらない。この手紙は私からトロツキーに見せます』とリヴェラは言った。エジュノールは決断を迫られた形になった。エジュノールは、コヨアカンに戻り、手紙をタイプで打ち、仕上がった手紙を机の隅に置いておいた。それをトロツキーの妻ナターリャが見つけ、それを読み、トロツキーに見せた。こうして爆発が起こったのである。

トロツキーの「流儀」に対するリヴェラの非難というのは、その直前の二つの小さな事実に関するものだった。

ブルトン、リヴェラの二人が署名した『マニフェスト』が公表された後、メキシコでも「独立革命芸術家国際連盟」（ＦＩＡＲＩ）の小さなサークルが形成され、『クラーベ』（鍵）という雑誌が発行された。その雑誌の編集会議の席で、ホセ・フェレルという若いメキシコ人が編集長に任命された。ところが、リヴェラは、この任命の一件を、トロツキーの「友好的で優しい」クーデターと非難していた。

もう一点は、この雑誌に載せたリヴェラの論文が、印刷所での時間ぎりぎりの決断のせいで、トロツキーがまったく関知せぬところで、「編集部への手紙」として扱われた。リヴェラはそれがトロツキーの責任である、と非難したのである。

この二点を訂正するよう、トロツキーはリヴェラに書き直しを要求した。

しかし、リヴェラが書き直しを拒否したことから、二人の不和は俄かに高まった。以来、二人は互いに二度と会おうとはしなかった。

一九三九年一月、リヴェラは国際共産主義連盟、つまりトロツキスト・メキシコ支部を脱会した。第四インターナショナル汎アメリカ事務局のメキシコ駐在員だったチャールズ・カーティスとエジュノールが仲立ちをつとめた。一月一二日、当時パリにいたフリーダ・カーロにトロツキーは手紙を出し、この仲違いを彼の立場から説明し、リヴェラの組織への復帰を望んだ。しかしリヴェラの妻フリーダは勿論、リヴェラの側にとどまった。

二年間続いた二人の同志としての蜜月は、ついに戻らなかった。

トロツキーとリヴェラの間に亀裂が生じたのは、リヴェラの妻フリーダ・カーロとトロツキーの恋愛事件が原因だという見方もある。

エジュノールは書いている。

「フリーダはその美しさと、気性と、知性によって人目をひく女性だった。彼女のフランス語は貧弱だったが、ディエゴの壁画の仕事で合衆国にかなり永いこと滞在したので、英語は上手だった。従ってトロツキーと彼女はしばしば英語で話し、英語をまったく知らないナターリャは会話から閉め出されたかたちになった。フリーダは多少アメリカ風にLoveという言葉を躊躇なく口走った。例えば別れ際にトロツキーに向かって"All my love"などと言うのだった。明らかにこの戯れに巻き込まれたトロツキーは、時々彼女に手紙を書くようになった。その手紙を本のページの間に挟み、ナターリャあるいはディエゴを含む第三者の目の前で、その本をフリーダに渡し、面白い本だから読んでごらんなどと言った。勿論、私はその時はこんなゲームのことなぞ全然知らず、あとでフリーダからこの一件を聞かされたのである」（『トロツキーとの七年間』）

これは、一九三七年四月のデューイ委員会の審問のあと数週間たった頃から始まったのだった。六月末には、トロツキーの周辺の人間がみな不安を感じるまでに事態は進んでいた。ナターリャは苦しんでいた。しかし、ディエゴだけは事態に全然気づいていなかった、とエジュノールは言う。

七月の初め、夫婦間の緊張を克服するための手段として、トロツキーとナターリャは少しの間、別居することになった。アントニオ・イダルゴとディエゴ・リヴェラの知人の、ランデローという地主の所有するアシェンダ（農園）に、トロツキーは身を寄せた。農園はメキシコ・シティから北東へ一三〇キロほどのパチューカ市の少し先のサン・ミゲル・レーグラという町の近くにあった。トロツキーがそこに到着したのは七月七日のことである。七月一一日、フリーダがトロツキーに会いに農園へ行った。エジュノールの推測によると、この訪問の結果としてトロツキーとフリーダは恋愛関係に終止符を打つ決心をしたのである。

トロツキーに贈られたフリーダ・カーロの自画像。手にトロツキーに捧げる手紙を持っている。（『THE WORLD OF FRIDA』）

フリーダが農園を訪ねたことを知ったナターリャは、釈明を求める手紙をトロツキーに出した。フリーダと切れることは自分の義務であると考え、それを実行したばかりのトロツキーは、ナターリャに宛てた返事で、そのような疑問は「愚かしく、嘆かわしく、きわめて利己的なもの」であると書いた。しかし、またトロツキーはナターリャを「私の犠牲者」と呼び、自分は今「憐みと後悔と……そして苦悩の」涙を流しているとも明言している。

フリーダと手を切った後、トロツキーはナターリャに対して優しい気持ちが涌き起こるのを感じ、その時に書かれた手紙は彼の愛着を裏づけている。

七月二六日か二七日、トロツキーはコヨアカンへ帰った。コヨアカンの家での生活の流れは元に戻った。トロツキーとフリーダの間には一定の距離が生まれた。Loveという言葉はもう聞かれなかった。

しかし、フリーダはトロツキーが嫌いになったわけではない。その年の一一月七日のトロツキーの誕生日には、「一九三七年一一月七日、レオン・トロツキーにすべての愛を込めてこの絵を捧ぐ。メキシコ、サンアンヘルにて、フリーダ・カーロ」と書かれた紙片と小さな花束を両手に持った自画像を贈っている。

「これをトロツキーへのからかいとする見方もあるが、多分そうではあるまい。その後も彼への尊敬の念は消えなかったと見るほうが当たっていよう」と美術評論家中原佑介は書いている(『一九三〇年代のメキシコ』)。

リヴェラと不仲になった後、トロツキーはコヨアカンの「青い家」に住み続けるわけにはいかなかった。

一九三九年一月末、トロツキーはエジュノールを介してリヴェラに、新しい家が見つかるまで「青い家」の家賃を二〇〇ペソ支払うと提案した。リヴェラはそれを拒絶し、説得させられ、それから再び拒絶し、そして最後にその金額を『クラーベ』の編集委員会に返還した。「この一件は仲違いの最終の時期にいっそうの苦々しさを付け加えた」とエジュノールは言う。

四月一四日、リヴェラは『ニューヨーク・タイムズ』紙の記者に次のように言明している。

「トロツキーと私との間の対立は単なる喧嘩ではない。それは実に残念な誤解によるものだが、この誤解はあまりにも深刻になってしまっており、取り返しのつかないところまでいってしまった。そのためには、私はトロツキーとの関係を断たざるを得なかったが、この偉大な人物に対して私は、一貫して最大限の賞賛と尊敬の念を抱いてきたし、それは今なお変わることはない。

……まだ多くの善良さと善意を残してはいるものの、トロツキーがますます気難しくなるのは当然である。気難しい性格の相手と対立しなければならないという運命になったことは残念である。だが、人間としての私の誇りが、対立の回避を許さなかったのである」（一九三九年四月一五日付『ニューヨーク・タイムズ』紙）

「青い家」を去るにあたって、トロツキーはかつての平穏な日々にリヴェラとフリーダから贈られた二つ三つの小さな品物を、がらんとしたデスクの上に残していった。その中には、フリーダから貰って長いこと愛用していた万年筆も含まれていたという。

五月五日、新居に移ったトロツキーは新しい住居が気に入った。

修復されたその家はなかなか魅力的であった。何よりもまず広々とした感じがある。トロツキーとナターリャの居住部分は独立した型になるように部屋が配置されているので、夫妻はプライバシーを確保できる。トロツキーは庭にサボテンを植え、ウサギ小屋をしつらえさせ、毎日午後になると自らウサギの世話をした（エジュノール『トロツキーとの七年間』）。

アメリカ人の護衛の一人で教師のチャールズ・オルネイ・コーネルは、一九三九年から四〇年にかけてのトロツキーの生活ぶりを次のように綴っている。

「時間に限りがあり、第四インターナショナルの準備のためにすべてをし終える前にスターリンの命令が執行されることを承知していたトロツキーは、倦むことなく働いていた。それは時間との競争であった」

「あらゆる点で彼を特徴づけていることだが、彼は執筆に際しても、表現の正確さと、科学的な正確さを求めていた。……最終原稿に満足するまでに、仕事のすべてまたは一部が何度も再検討され、タイプしなおされた」

「やむを得ず課せられた条件を最大限に活用するために、彼は高い塀の中でニワトリやウサギを飼って育てる計画を立てた。そういったことにも、彼は方針を立て、厳密に取り組んでいた。餌はできる限り科学的方法で準備された。餌の量も入念に計量された。彼は定期的に動物を検査して、病気や寄生虫の徴候を監視した」

「彼は一瞬たりとも無駄には使わなかった。朝早く、六時には起床し、家畜の囲いの中の掃除をし、書斎に戻って、朝食まで仕事をしていた。昼少し前に、再び動物の世話をしていた。例外的な仕事がなければ、医師の指示通り、彼は昼食後一時間、休息をとっていた。時には来客があって、そういう時には三時から一時間ほど客の相手をした。来客にこれ以上長い時間を費やすこと

防備を固めて「小要塞」と呼ばれたトロツキー邸　(『トロツキー自伝』より)

はまれであった。時間があまりにも足りなかったのだ」

「夕刻に、ニワトリとウサギに餌をやった後、書斎に戻るか、または、夕食の準備ができていれば、直接、食堂に戻った。夕食はたいてい賑やかで、トロツキーは、みんなを会話に誘い、冗談を飛ばしていた」

「トロツキーは、自らが過ごした時間の大半を、よく『懲役』——単調に繰り返される　日常の決まった仕事——と呼んでいた」

「トロツキーは、折をみてピクニックに出かけることもあった。ゲ・ペ・ウがメキシコに本腰を入れるようになるとともに、そういう機会もますます少なくなった。実を言うと、遠征隊を組んで、サボテンを収集しようとしていたのである。トロツキーはとりわけこのメキシコ産の植物が気に入っていて、すべての種類を揃えて、完璧なコレクションを持ちたいと思っていた」(ピエール・ブルーエ『トロツキー』〔3〕所収)

トロツキーのサボテン収集については、ドイッチャーの『追放された予言者・トロツキー』が詳しい。田舎への旅行は、急に、しかも極秘裡にやらなくてはならなかった。彼は大抵いつもナターリャ、友人、それに護衛に伴われて、車で出かけた。メキシコ市内を通り過ぎる時には、彼は自分のシートに屈みこんで、顔を隠さなくてはならなかった。そうしないと、舗道の人の群れが彼をみとめて、ワッとはやしたり、ブーブー言って冷やかしたりしたからである。アルマ・アタやプリンキポの時と同じように、こうした旅行は、行進や登攀、勤労を盛んにやる「軍事的遠征」だった。魚釣りや狩猟をやるチャンスは少なかったので、彼は新しい道楽を始めて、ピラミッドの格好をした岩山にある、珍しい、巨大なサボテンを蒐集した。彼は白髪になり、顔に皺が深く刻まれていたため、年よりも老けて見えたが、しかし、病気でない時は、すばらしく体力があった。彼はまた軍隊的な忍耐力を維持していた。彼が「銃剣の刃」をしたサボテンの重い荷物を背負いながら、急な坂をよじ登る時には、彼の護衛たちのうちで一番強力な猛者でも、彼について行くのは容易ではなかった。

ナターリャは、こうした遠出を「懲役労働日」と言ってからかった。「彼は熱狂していた」と、彼女は回想している。「いつも真っ先に仕事にとりかかり、一番最後に仕事をはなれた……催眠術にでもかけられたように、やりかけた仕事をやり遂げてしまいたいという衝動にかられて……」。

時がたつにつれ、スターリニストの脅迫がいよいよ狂暴になっていくにつれ、こうした遠出すらますます危険に思われた。そして、トロツキーの全生活は、彼の半ば法廷、半ば監獄の壁の中に、次第に圧縮されていった。

一九三九年七月（八月八日？）、ロスメル夫妻がパリからメキシコのトロツキー夫妻を訪ねてやってきた。夫妻は暖かく迎えられた。トロツキーとロスメルが顔を合わせるのは、一九二九年のプリンキポ以来のことである。彼らは第一次世界大戦の生き残りの、たった二人の友人であった。彼らは一九四〇年五月末まで、一一ヵ月近く、アヴェニーダ・ヴィエーナのトロツキーの屋敷に滞在した。

彼らはその時、トロツキーの孫セーヴァを連れてきた。トロツキーとナターリャは、リョーヴァの妻から取り戻したわが孫を抱きしめた。彼をプリンキポから送り出してからすでに七年の歳月がたっていた。そして今、困惑した孤児は、自分が連れてこられた、この不思議な、人間でいっぱいの、要塞みたいな家、すでに死を運命づけられた家を、落ち着きなく、じっと見つめるのだった(ドイッチャー『追放された予言者・トロツキー』)。

第八章　シケイロス襲撃事件

メキシコに新天地を得たトロツキーは、スターリンとの思想的、道徳的闘いの手をゆるめなかった。ヴォルコゴーノフの『トロツキー・その政治的肖像』(下)によると、一九三九年初め、スターリンはごく内輪の会議を開いた。議題はただ一つ、トロツキーの暗殺を早めなければならない、ということであった。

スターリンのデスクの上には、連日のように、海外の外交官や諜報員から、トロツキーが次から次へと発表する暴露、声明、予言、アピールの報告が積み上げられていた。

最近の論文『全体主義の敗北』には、次のように書かれていた。

「敗北主義、サボタージュ、裏切りがスターリンのオプリーチニナ〔一六世紀イワン雷帝の親衛隊で、「反対派の貴族を弾圧した」に巣くっている。『国民の父』が最大の敗北主義者である。彼は『国民の父』どころか、国民の死刑執行人である。国の防衛を確保するためには、サボタージュ主義者と敗北主義者の独裁者一味を粉砕する以外にはない。ソヴィエトの愛国主義のスローガンはこう鳴り響く。

全体主義の敗北主義者を打倒せよ！

スターリンとそのオプリーチニナよ　去れ！」

クレムリンの主はもうこれ以上の暴露、毒針の注射に我慢ならなかった。

しかも、トロツキーはインタビューで、スターリンについてのまとまった本を近い将来書くつもりであると示唆していた。本を書くという考えそのものが、クレムリンの独裁者にとっては我慢ならなかった。

スターリンは、最初はメジンスキー、ついでヤゴダ、エジョフたち死刑執行人が、いたずらにトロツキー抹殺を試みているのに待ちくたびれてしまった。新しい責任者であるベリヤに必要な命令を与えながら、個人的に実行担当者に任務をさずけることにした。

一九三八年三月、国家保安部第三級コミッサールの称号を持つパヴェル・スドプラトフがスターリンに呼ばれた。

スドプラトフは、その時の模様を『トロツキー・その政治的肖像』の著者ヴォルコゴーノフに次のように話した。

「スターリンは挨拶を交わした後、私に座るように言い、自分は黙ったまま広い執務室を行ったり来たりしていました。やがて、トロツキーとトロツキズムがわが国および労働運動にもたらしている巨大な害悪について話し始めました。

『君は勿論、公判の資料についてはよく承知していると思う。そこにはトロツキスト一味の活動があますところなく暴かれている。奴らにふさわしい罰を加えねばならない。ところが首謀者はその邪悪な活動を続けている。勿論君も知っての通り、あの男にはわれわれの法が及ばない』

ここでスターリンはじっと意味ありげに私を見つめ、それからゆっくりとした足取りで細長い絨毯の上を歩き続けていました。

『こういったファシストの手先はやっつけねばならん。いつまでもぐずぐずしておれん。君にまかせたい、と思っているんだがね。それには信頼できる者を連れてメキシコに行く必要がある。どうかね?』

私は、外国部のスタッフがスターリンの指示を遂行するためにベストを尽くすでしょう、と話しました。また、私自身はメキシコの事情をよく知らず、スペイン語も話せない、と述べました。

スターリンは話の腰をおりました。

『エイチンゴンはどうかね? 君が欲しいと思う連中を連れて行きたまえ。資金のことは惜しむな。地元のスタッフも使え。じっくり検討して、報告してくれたまえ。じゃあ、また』」

この後、スドプラトフは、もう一度スターリンに呼ばれたという。スドプラトフは、口頭で実現可能な作戦のバリエーションを述べた。作戦は現地でのみ詳細に計画をたてることができるものであった。総局では、作戦の指揮者として、四〇歳で経験豊富な諜報活動家エイチンゴンを選んだ。

スターリンはエイチンゴンについて話すようにと言った。スドプラトフは興奮して説明を始めた。エイチンゴンは一九一九年に入党し、数ヵ国語に通じている。ジェルジンスキー〔革命後最初の秘密警察の責任者〕のもとで働いていたことがあり、ジェルジンスキーはエイチンゴンを高く評価していた。陸軍大学で学び、極東とアメリカの事情にずばぬけて強い。スペインではその本領を十分に発揮し、スペイン語を自由にあやつることができる。信頼できて、不屈の意志の持ち主である――。

「じゃそれで行こう。仕事にかかってくれ」

スターリンはもうそれ以上スドプラトフの話を聞こうとしなかった。別れ際にこう強調した。トロツキー抹殺の任務は「党中央委員会の要請」によるものだ、と。

「それが何を意味するのか、説明するまでもないだろう」

スターリンは意味ありげにそう言ったという。

パヴェル・スドプラトフ、アナトリー・スドプラトフの『KGB・衝撃の秘密工作』には、こう書かれている。

「『トロツキストの運動には、トロツキー自身を除くと、政治的に力を持つ人間はいない。彼を片づければ、脅威はなくなる』――スターリンはこう言うと、われわれの正面にある自分の椅子に戻った。それからおもむろに、NKVDの情報工作は十分機能していない、と現状についての不満を話し出した。トロツキーの排除は、最初一九三七年に、シピゲルグラスに命じたが、彼はこの重要任務を遂行できなかった、とスターリンは語気を強めた。

スターリンは命令を出す時のように姿勢を正して言った。

『トロツキーは一年以内に排除されねばなら

NKVD特殊任務局長アナトリー・スドプラトフ〔1942年〕
(『衝撃のKGB工作』より)

ぬ……』

……世界の現状分析について短く述べたあと、スターリンは締めくくりに、メキシコに追放中のトロツキーに対するアクションを実行する突撃部隊を率いるよう、私に命じた。彼はわざわざ『アクション』という間接的な表現を選んだ。もしこれが成功すれば、党は関わった者たちを永久に忘れないだろうし、本人だけでなく家族全員の生活を保障するつもりだと付け加えた。私はスペイン語をまったく話せないのでメキシコの任務に向かないと答えたが、スターリンは表情を変えなかった。

私は、スペイン内乱でのゲリラ作戦に生き残った者（スペイン内乱の折に「トロツキズムの抹殺」の特別任務をおびたゲ・ペ・ウの元諜報員か〔筆者注〕）を今回の任務に参加させる許可を求めた。スターリンは答えた。『任務の遂行に適した信頼できる人物を選ぶのも君の任務のうちであり、党の義務でもある。必要な援助や支援は惜しまない。報告は、直接ベリヤ一人にするように。しかし、実行の全責任は君だけが負う。ヨーロッパからメキシコへの特別任務部隊の派遣は君個人で手配して、その報告は君の手書きでなければならない』

握手を交わしたあと、ベリヤと私はスターリンの部屋を出た。この会見の直後、私は対外情報局の部長代理に任命され、メキシコのトロツキーに対する新しい工作の責任者になり、ルビヤンカの七階、七三五室にオフィスを与えられた」

スドプラトフは、きたるべき作戦を保障し、調整するためにモスクワに残った。

エイチンゴンと、主としてスペイン内戦で活躍した諜報員の大グループがメキシコに向かった。彼らは、スペインからの難民というふれこみで、メキシコの首都に居を構えた。

　メキシコでは、トロツキーを出国させよという騒々しいキャンペーンが展開された。メキシコ共産党によって、トロツキーは「労働者階級の事業を裏切り」、ドイツおよびイギリスのスパイと関係を持ち、ソヴィエト指導者に対するテロ活動の準備に関与している、といったモスクワが用意した数多くの文書が公刊された。都心のメヒコ通りでは、トロツキーはファシスト独裁を樹立するためメキシコで「革命を準備している」といったビラが至るところに貼られた。それは醜悪なモスクワ政治裁判の公判文書を繰り返したものだった。トロツキーは妻とともに、自分たちの最後の隠れ家を取り巻く輪が次第に狭まってきているのを感じとっていた。ボディーガードや秘書は、ウィーン通りにあるトロツキー邸をじっと伺うようにしてゆっくり通り過ぎて行く人や車の不審な動きを、頻繁に認めるようになった。トロツキーの側近たちは、まさに邸宅に「照準があてられている」とトロツキーに語っていた。トロツキーの要請で、市当局は邸宅周囲の警備を強化した。

レオニード・アレクサンドロヴィッチ・エイチンゴン
（『RAMON MERCADER MI HERMANO（私の兄ラモン・メルカデル）』より）

　トロツキー暗殺計画を直接指揮していたエイチンゴンは、一九三九年一〇月、ニューヨークに到着すると、ブルックリンに貿易会社を設立し、これを連絡場所に使った。

　ここの一番の目的は、後にトロツキーの暗殺者になるラモン・メルカデルの隠れ蓑になることだった。彼はフランク・ジャクソンという名前のカナダの偽造パスポートを所持してすでにメキシコに落ち着いていたが、エイチンゴンから資金を受け取るために度々ニューヨークとの間を往復していた。

エイチンゴンは、モスクワで原則的に決定されたように、二つのバリエーション、即ち、メキシコ共産党による暗殺計画と単独のテロ戦闘員による暗殺計画の準備に入った。

メキシコでは、リヴェラと並ぶメキシコ壁画界の巨匠シケイロスの特別部隊の支援グループができつつあった。

シケイロスはリヴェラ、サビエル・ゲレロらとともにメキシコ共産党の創立大会で執行委員に選ばれ、彼らは技術専門家、画家、彫刻家の組合を組織した。シケイロスは組合の事務総長に選ばれ、メキシコの壁画運動を推進する画家グループの革命思想を述べた宣言文を書いた。ファシズムと闘うには絵筆だけでは不十分だとして、一九三七年の初めにスペイン戦争の反フランコ軍に参加。リスター将軍とモデスト司令官への援助をし、第八二隊と第四六混成隊の指揮をとった後、テルエル要塞の臨時隊長となり、最後には陸軍大佐として第二九師団を率いた、歴戦の勇士である。

シケイロスの特別部隊はトロツキー邸の建物の襲撃計画を立てていたが、それはマリア・デ・ラ・シェがモスクワに呼び戻される前に持ち出したトロツキー邸の平面図に頼らなければならなかった。彼女はトロツキーの護衛らの能力を判断し、トロツキーの秘書たちの性格を綿密に分析した、いわば潜入スパイであった。こうした貴重な情報はエイチンゴンのもとに送られた（『KGB・衝撃の秘密工作』）。

〔ヴォルコゴーノフによれば、スドプラトフは、トロツキー邸に「われわれの女が一人」いて、ソヴィエトの諜報員に情報を流していたという。この女性諜報員の手助けは極めて重要だった。彼女は八〇年代にモスクワで死んだということだが、スドプラトフは彼女の名前をとうとう明かさなかったとい

うが、このマリア・デ・ラ・シェがその人物であったのだろうか〕
ゲ・ペ・ウに遠隔操作された未来の暗殺者ラモン・メルカデルは、シケイロスの特別部隊の存在を知らなかった。彼の第一の目的は、アメリカの若い女性トロツキスト、シルヴィア・エイジロフ（アゲーロフ）との恋愛関係を利用して、トロツキーの側近たちと親しくなることだった。ラモンはハンサムで、彼には女性を引きつける魅力があり、一九三八年夏、パリで開催された第四インターナショナル創立会議に出席していたアメリカ人のシルヴィアにベルギー外交官の息子ジャック・モルナールと名乗って接近、あまり魅力のない孤独なオールドミスの彼女は彼の虜になり、愛人になった。それは偶然ではなく、前から慎重に仕組まれた、ラモンの巧みな選択であった。というのは、彼女の妹のルース・エイジロフはトロツキーにたいそう信頼されていたからである。ルースはデューイ委員会の開催中、メキシコに滞在し、翻訳をしたり、タイプを打ったり、資料を集めたりして、大いに力を貸してくれた。ルースはトロツキーに素晴らしい女性という印象を残していたから、ルースの姉もまたトロツキーとナターリャに暖かく迎えられぬはずはなかった。シルヴィアはコロンビア大学で心理学を研究し、ロシア語、フランス語、スペイン語が話せたので、トロツキーには良い手助けとなる女性だった。

ラモン・メルカデル〔パリにて〕
（『RAMON MERCADER MI HERMANO（私の兄ラモン・メルカデル）』より）

一九三九年二月、シルヴィアはパリからアメリカへ帰った。九月には、ラモンはニューヨークで彼女と一緒になった。彼はフランク・ジャクソンという名前を使い、カナダの偽の旅券でやってきたのである。

彼は一〇月半ばにはメキシコへ渡っていた。彼女は一九四〇年一月にやってきて、早速トロツキーの秘書の仕事を手伝い始めた。

「ジャクソン」は、大抵いつも彼女を高価な車でトロツキー邸に送り、彼女の仕事がすむ頃には、門のところで待っていた。警備員たちも彼と顔見知りになって、よく彼とおしゃべりした。しかし、何ヵ月もの間も、屋敷内には一歩も入りはしなかった。

彼はトロツキー邸の門のところで、ロスメル夫妻とひょっこり会った。

パリ時代、夫妻は「シルヴィアの夫」で「親切な若者」として彼と親しくなっていた。

この、トロツキーの親友であるロスメル夫妻とラモンとの親密な関係もトロツキー暗殺事件にとって重要な鍵を握っている。

とくにマルグリット夫人はラモンにぞっこん惚れこんでいた。夫妻はラモンに度々雑用を依頼し、いうまでもなくラモンはそれをいつも快く引き受けていた。メキシコ・シティとその周辺は交通がかなり不便だった。ラモンはいつも自分の車で夫妻をあちこちへ連れて行った。その他にも一緒に遠出をしたり、孫のセーヴァをピクニックに連れ出したりした。マルグリットはナターリャとたいそう仲が良かったから、ロスメル夫妻とラモンの親交は、ある程度まで、この人物に対する信頼をナターリャに、ひいてはトロツキーに植えつけずにはおかなかったに違いない。「ジャクソン」がトロツキーに無防備に接近できる貴重な存在となったのである。

しかし、ジャクソンはまだトロツキー暗殺の仕事は割り当てられていなかったように思われる、とドイッチャーは書いている。彼の任務は、それよりもむしろ家と家の配置、防衛施設などを偵察し、トロツキーの毎日の日課の詳しい事実を探り出し、その他の者が実行するはずの強力な武装襲撃に役立つような情報を入手することだった。

一九三九年末、内相ラヴレンチ・ベリヤはメキシコの非合法工作員のネットワークを強化するよう示唆した。彼はスドプラトフを隠れ家に連れて行き、ヨシフ・グリゴリエヴィチ（コードネーム「パードレ」）に引き合わせた。彼は西ヨーロッパでの非合法工作を終えてモスクワへ戻っていた。トロツキスト組織の人々は、政治的中立で知られる彼が自分たちの組織に浸透を図るとは考えていなかった。父親がアルゼンチンに大きなドラッグストアを経営していたので、彼がラテン・アメリカに現れても不自然ではなかった。グリゴリエヴィチは一九四〇年一月、メキシコに到着。エイチンゴンの指示でメキシコとカリフォルニアで活躍する非合法工作員の三番目の予備ネットワークを組織した。

またグリゴリエヴィチはシケイロスの部隊にも協力し、トロツキーの護衛の一人、シェルダン・ハートと会うようこぎつけた（『ＫＧＢ・衝撃の秘密工作』）。

一九四〇年二月二七日、トロツキーは彼の遺言を書いた。彼はそれまでにいくつか短い遺書の草案を書いていたが、それはただナターリャかリョーヴァ、それとも両者に、自分の遺書の著作権を相続させるという、法律上の目的で書いただけであった。だが、今度書いたのは、彼の真実の、最後の遺言であり、遺書であった。その一行一行に、近づきつつある最期に対する彼の予感がしみとおっていた。だが、彼がこの遺書を書いた時、暗殺者の手にかかって死ぬことは考えていなかった。自然死を遂げるか、それとも自殺するものと想像していた。

「遺書　私の血圧が高いことが（それは絶えず上昇しているが）、周囲のものたちに、私の真の健康状態を誤解させている。私は積極的に働いており、またそれに耐えてはいるが、明らかに結末は近づいている。ここに書きのこす文書は、私の死後、公けにされるべきものである。

スターリンとその手下どもの愚昧下劣な中傷に対しては、ここでまた反論を加える必要もない。革命家としての私の名誉には一点の汚れもないのだ。未だかつて、私は、直接的にも間接的にも、労働階級の敵といかなる裏取引をしたこともなく、その交渉に手を染めたことさえない。幾千ものスターリンに対する反対者たちが、同様の捏造された告発の犠牲となって倒れたのだ。次の時代の革命的世代が、彼らの政治的名誉を回復し、クレムリンの死刑執行人どもには、それにふさわしい扱いをするであろう。

わが生涯における最も辛い時期に、私に忠実にあり続けた友人たちに、私は熱烈に感謝している。とくにその友人たちの名をここに挙げることはしない。その名前のすべてを記すことはできないからだ。

けれども、私は、わが伴侶ナターリャ・イワーノヴナ・

晩年のトロツキー
（『RAMON MERCADER MI HERMANO（私の兄ラモン・メルカデル）』より）

セドゥへヴァについてだけは、その名を記すことが許されてよいと信ずるものだ。運命は、私に、社会主義の戦士となる幸福のほかに、彼女の良人となる幸福をも与えてくれた。私たちが共にしたほとんど四〇年の間、彼女は、愛と偉大な魂と優しさとの尽きることなき泉としてあり続けた。

彼女は、大きな苦しみを、とりわけ私たちの人生の後半期に味わうことになった。しかし、私は、彼女がまた幸福な日々をも知っていたのだということで、いくらかの慰めを得るのである。

自分が自覚を抱いてからの四三年間の生活を、私は終始革命家として過ごしてきた。そのうちの四二年間を、私はマルクシズムの旗のもとで戦ってきた。もしすべてを初めからやり直さなければならないというのであれば、勿論、私は、あれこれの失敗を避けようと努めるだろう、だが、私の人生の本流は変わることがあるまい。私はプロレタリア革命家として、マルクス主義者として、弁証法的唯物論者として、従ってまた一徹な無神論者として死ぬこととなるだろう。人類の共産主義的未来に対して抱く私の信念は、その激しさをいささかも減じてはいない。反対に、今日、それは青年時代以上に、より強固なものとなっているのだ。

ちょうどいま、ナターリャが入ってきて中庭に面した窓のところに行った。私の部屋に風がもっとよく入るように、窓を大きく開けたのだ。壁に沿って広い帯のようになった草の緑が見える。壁の上には澄み渡った青空が、そしてすべてに降り注ぐ陽の光が見える。生は美しい。未来の世代に属する人たちが、人間の生活から、すべての悪、すべての抑圧、すべての暴力を拭い去り、そして、そのすべてを享受するように……。

L・トロツキー」

一九四〇年二月二七日

コヨアカンにて

三月三日の「追って書き」では、自分とナターリャは、老齢のため肉体的敗北者になるのにまかせるよりは、自殺するほうが望ましいと、何度も同意し合ったことを書きとめている。

「自分の死ぬべき時を自分自身で決める権利を私は留保しておく。……しかし、私の死の情況がいかなるものであるにせよ、私は共産主義の未来に対する揺るぎない信念を抱きながら死んで行くだろう。人間とその未来についてのこの信念は、この今という瞬間にも、いかなる宗教も与えることのできない、抵抗力を私に与えてくれているのである」（トロツキー『亡命日記』）

一九四〇年五月一日、ユニホームに身を固めた二万の共産党員が、「トロツキーを叩き出せ！」というスローガンを掲げてメキシコ市中を行進した。カルデナス大統領はスターリニストの非難を、肩をすぼめて聞き流した。

アヴェニーダ・ヴィエーナのトロツキー邸では、みんな「ラテン・アメリカ的海賊の血が多分に流れたギャング的襲撃」があることを予測して生活していた。土地のスターリニスト機関紙が自分を罵っているのを読んで、トロツキーは、「ひとがこんな風に書くのは、ペンを捨てて機関銃をとる決意ができた時だ」と言った。アメリカ人支持者たちの強い主張で、家には防衛工事を施し、襲撃者が来襲しそうなところには、厳重にかんぬきで固め、電流が通じた電線を張り巡らし、自動警報器を備え、機関銃を据えつけ、警備員も増員した。建物の外や周囲には、一〇名のメキシコ警官が見張りに立って、昼夜警戒していた。警備員の控え室には、四名ないし五名の者がいつでもいざと言えば飛び出せるよう待機していた。

一九四〇年五月二四日未明――シケイロス部隊によるトロツキー邸襲撃の日。

総勢二〇人ほどを乗せた四台の車が、それぞれ異なった集結地点からきてコヨアカンに集まった。そこから降りた男たちは軍隊と警察の制服に身を包み、ピストルと機関銃といくつかの手榴弾で武装していた。彼らのリーダー（シケイロス）は司令官の制服を着て、大きな髭をたくわえ、黒い眼鏡をかけていた。昼夜トロツキー邸を護衛している警察官の全員がいつもの場所にいたわけではなかった。そのうちの数人は、近所の若い二人の女性から、彼女たちの出発を祝う酒宴に招待されていた。残った警官たちは武装しておらず、「アルマザン万歳！」と叫びながら到着した者たちに対して反撃する時間もなかった。アルマザンとは、当時ちょうど行われていた大統領選挙の右翼候補者の名前であった。

シケイロスの襲撃の夜、見張りに立つ番のロバート・シェルドン・ハートは、四月七日、ニューヨークからやってきた新参者であった。彼がコヨアカンで六週間過ごした間は、彼の同志たちもトロツキー自身も、彼は暖かい心を持ち、献身的であるが、ちょっと瞞されやすくて無気力な男だと見ていた。ずっと後になって、彼の同志たちは、彼が「ジャクソン」とたちまち友達になり、よく連れ立って出かけるのを見かけたことを思い出した。

警察官や軍服姿をした二〇人を超える一団が武器（機関銃も）を手にして、突如として押し寄せ、一瞬のうちに警備隊員を武装解除した。門を警備していたハートは「少佐」の要求で門を開けた。侵入した一団は、警備の人たちを武装解除してトロツキーの書斎、寝室の窓やドアに向けて猛射を浴びせた。生き残ることなどあり得ないと思われた。トロツキー夫妻が無事だなどとは考えられないことだった。万に一つしか助かるチャンスはなかった。そして、そのチャンスが二人に与えられた。窓の下のほんの小さな死角が二人を救った。二人の身を隠したベッドに無数の弾丸が撃ち込まれた。この死角は、雨のように降り注ぐ銃撃にあって、生き延びることのできた唯一の場所だったとしか言いようがない。幸い、投げ込まれた爆弾（手榴弾）も運よく不発に終わった。運命は再びトロツキーに微笑んだのである。

トロツキーはこの夜の暗殺未遂事件についてこう書いている。

「襲撃は明方の午前四時ごろにやってきた。私は、まる一日激しい仕事をしたあと睡眠薬を服用して熟睡していた。私はタタタタッという銃声で目を覚ましたが、うとうとしていて、最初、外で花火でもあげて祭日を祝っているのだろうと思った。しかし、爆発音はあまりにも近すぎた。それは部屋の中のすぐそば、私のすぐ横や頭上で聞こえた。火薬の臭いがますます強くなり、刺激がきつくなってきた。明らかだった。私たちのかねてから予想していたことが、ついに起きていた。私たちは襲撃されていたのである。塀の外で部署についていた警官たちはどこへ行ったのだろう？　家にいた護衛たちは？　縛られたのか？　誘拐されたのか？　殺されたのか？　私の妻はすでにベッドから飛び出していた。射撃は間断なく続いていた。妻があとで私に語ったのだが、彼女は私が床に落ちようとするのに手を貸し、ベッドと壁の隙間に私を押し込んだのだという。まったくその通りであった。彼女は、まるで自分の身体で私をかばうかのように、壁の脇で私にかぶさるようにしていた。私は小声や身振りで、床にぴったりと伏せているようにと、彼女に懸命に合図した。銃弾は四方八方から飛んでくるので、どこから射ってきているのかわからなかった。妻は――後になって彼女が語ったのだが――やがて、銃口から発射光を見分けることができた。つまり、銃撃は他でもない同じ部屋の中で行われていたのだ。もっとも、誰の姿も目にすることはできなかったが、私の印象では、全部でおよそ二〇〇発は発射されたろう。そのうちの約一〇〇発は、私たちのすぐそばに撃ちこまれていた。窓ガラスの破片や壁のかけらが四方八方に飛び散っていた。ちょっとたって気がついて見ると、私は右脚に二ヵ所軽い傷を負っていた。

襲撃がやむと、隣の部屋で私たちの孫が『おじいちゃん！』と叫ぶのが聞こえた。銃声にさらされながら暗闇の中で聞いたあの子の声は、あの夜の最も悲劇的な思い出として今なお心に残っている。扉や壁に残された弾痕が示しているように、最初の一発が彼のベッドを斜めによぎったあと、あの子はベッドの下に飛び込んだのであった。襲撃者の一人は狼狽したのだろう、ベッドの中に弾を射ち込んだ。弾はマットレスを貫通して孫の足の親指に命中し、床に食い込んだ。襲撃者たちは二発の焼夷弾を投げ込んで、孫の寝室を立ち去った。あの子は『おじいちゃん！』と叫び、一筋の血の痕を引きながら、襲撃者たちを追って中庭に走り出、銃弾の中をある護衛の一つの部屋に飛び込んだ。

孫の叫び声を聞いて、妻はすでに誰もいなくなった孫の部屋に急いだ。中では、床や扉や飾り物が燃えていた。『彼らはセーヴァをさらっていったのだ』と私は妻に言った。

この時が最も苦しい瞬間であった。射撃音はすでに私たちの寝室から遠のいていたが、中庭か塀のすぐ外でまだ鳴り響いていた。テロリストたちはどうやら援護射撃をしながら引き上げていっている様子だった。妻は絨毯で焼夷弾の火を消そうとしていた。彼女はその後一週間、火傷の治療をしなければならなかった。

護衛のうちの二人、オットーとチャールズがやってきた。襲撃の間、二人は機関銃掃射のために私たちから切り離されていたのであった。中には誰の姿も見えないので、襲撃者たちは引き上げてしまったようだと二人は判断した。夜勤中の護衛、ロバート・シェルドン・ハートが姿を消していた。自動車は二台とも見えなくなっていた。外に配備されていた警官たちはなぜ沈黙していたのだろう？　彼らは『アルマザン万歳！』と叫ぶ襲撃者たちによって縛られていた――縛りあげられた警官たちの話である……」

この論文は、「スターリンは私を暗殺しようとしている」と題し、暗殺未遂事件の二週間後に書かれたものである。

一九九三年一一月二二日と二三日、私（筆者）は孫のエステバン・ヴォルコフ（愛称セーヴァ）に話を聞いた。彼は、事件が起きた旧トロツキー邸内（現在は博物館）を案内しながら、今なお苦渋に満ちた表情で静かに語ってくれた。

「一九四〇年五月二四日、トロツキーはスターリンによって送られた要員によって、暗殺を目的とした最初の襲撃を受けました。私はその日の夜明け頃、この部屋で寝ていました。私の祖父母の寝室の隣の部屋です。私が寝ていたベッドはこれよりももっと小さいベッドでした。明け方の四時頃、突然大きな物音がして私は目を覚ましました。誰かがドアを押して寝室に入ってきたのです。私にはシルエットしか見えませんでしたが、その人物は制服姿でした。その後すぐに、マシンガンによる銃撃が始まりました。それは不思議な出来事でした。気持ち良く寝ていた人間が突然、戦場のど真ん中にいることに気づいたようなものですから。ほんの数分の出来事でしたが、随分長い時間に思えました。銃声が止むと、今度は突然、死の沈黙が訪れました。何も聞こえませんでした。

この寝室に侵入してきた人物は庭のほうに出て行きました。その時、別の人物が入ってきて、あの部屋に何発かの手投げ弾を投げ込みました。鋭い音がして、暗闇に閃光が走りました。こうした状況を前に私はパニックに陥りました。というのは、それらの手投げ弾のうちの一つがこれらの家具の辺りに落ち、もう一つが、今はもうありませんが、この辺りにあった小さな洋服ダンスのところに落ちたからです。これらの手投げ弾の標的はトロツキーの書類や資料を焼却することだったのです。その数分後、生気に満ちた力強いトロツキーの声が聞こえたのです。まさに奇跡的な出来事でした。その後すぐに私たち家族のメンバーすべてが祖父のところに集まりました。

その襲撃事件の時にトロツキーがいた寝室へご案内しましょう……。

ここを見て下さい。床に数発の弾痕が残っています。ナターリャとトロツキーが伏せていた場所のすぐ近くに着弾しています。これらの銃弾はトロツキーとナターリャにとどめを刺すために、テロリストによって発射されたものだと思います。ここにも弾痕があるし、ここの上のほうにも二つの弾痕があります。あの日の明け方の襲撃事件の銃撃は、三方向から行われました。事務所のあそこからテロリストの一人が腹ばいになって機関銃を構えて寝室全体に睨みをきかせ、仲間を援護していました。そして他の二人が銃撃を行ったのです。一人はこのドアのところから発砲しました。当時の警察の調査によれば、襲撃者たちは合計二〇〇発以上の銃弾を発射したということです。このテロ攻撃から生き延びたのは、まさに奇跡的だったんです」

——襲撃事件の時、あなたが聞いたお祖父さんの最初の言葉は何ですか？

「正確には思い出せませんが、その言葉には、スターリンのテロ攻撃から生き延びたという喜びの感情が含まれていたと思います。彼はスターリンとの闘いに生き残ったのですから。スターリンとトロツキーの間の闘いは大変暴力的な政治闘争でした。トロツキーにとって、独裁者であり十月革命の『横領者』であるスターリンのテロ攻撃から生き延びることができたということは、一種の勝利だったのです」（拙稿「レオン・トロツキーの挽歌」、雑誌『カオスとロゴス』No.12所収）

レオナルド・サンチェス・サラザール少佐の率いるメキシコ秘密警察が寝室から二〇〇発以上の弾を収集した。しかし、家人に犠牲者が出なかったことを確認して驚いた。

こうした状況から、やがて新聞などで、トロツキーは襲撃事件を自作自演し、これによって国際世論に対してスターリンの威信を傷つけようとしたのだ、という説が流されることになる。トロツキーは、思いがけずこうしたデマで彼を非難しようとする動きにぶつかったため、カルデナス大統領に書簡を送った。

「私たちの邸はゲ・ペ・ウの襲撃を受けた。……ところが捜査は誤った道に入り込んでいる。私はこう声明するのを恐れない。というのは、日々、暗殺の狂言という恥ずべき憶測がくつがえされ、この憶測を直接、間接に支持している連中の面目がまるつぶれとなるであろうからである」

この手紙は効果をあげた。

警察は、襲撃者の一味を何人か逮捕した。すると、彼らは、シケイロスが自分たちの指導者だったことを自供した。

シケイロス自身は身を隠した。しかし、一〇月四日、逮捕された。彼は、五月の襲撃に参加したことは否定しなかったが、共産党はこれに無関係であった、また自分の目的は、トロツキーを殺すことではなく、「心理的衝撃」を与え、トロツキーのメキシコ在住に抗議するためであった、と主張した。保釈出所すると、彼は数年間メキシコから姿を消した。

六月二五日、サラザールの部下が、トロツキー邸からそう遠く離れていない、メキシコ市外の小さな農場の地面から、シェルドン・ハートの死体を掘り出した。その農家は二名の有名な画家が借りていたものだった。その二人とも、スターリニストであった。

トロツキーはこの殺人の事実によって、狂言説を覆す有力な根拠を得た。

ヴォルコゴーノフはこう書いている。

「おそらく、襲撃グループはエイチンゴンの指示でハートを殺害したものと思われる。ハートは抵抗もせずに門を開け、彼らとともに姿を消した。彼らは、ハートが取調べに対してすべてを白状し、計画を駄目にしてしまうことを恐れたものと思われる」

ヴォルコゴーノフの著書『トロツキー・その政治的肖像』(下)の出版の五ヵ月後、スドプラトフの『KGB・衝撃の秘密工作』が刊行されたが、そこにはこう書かれている。

「グリゴリエヴィチの顔を知っていたハートの線から、われわれの存在が漏れるおそれがあったので、ハートは始末された。事件はシケイロスの逮捕で終わった。それが隠れ蓑になって、グリゴリエヴィチとメルカデルはうまく工作を継続できた」

ハートは明らかにゲ・ペ・ウに消され、トロツキー暗殺計画は見事に別の方針で継続されることができたのである。

トロツキーにとって自分の秘書が殺されたのは、これで八人目である。

これまでに、M・S・グラズマン（一九二四年自殺）、ゲオルギー・ワシーリェヴィチ・ブトフ（一九二八年逮捕、ブルティカ刑務所へ。ハンストをして死亡）、I・G・ブルムキン（一九二九年一一月処刑か）、N・M・セルムークス（一九二八年、アルマ・アタで逮捕）、I・M・ボズナンスキー（一九三八年、ヴォルクタで銃殺）、ルドルフ・クレメント（一九四〇年五月トロツキー襲撃事件後惨殺さる）、エルウィン・ウォルフ（国際書記局によってスペインに派遣。二回目の逮捕で消息絶つ）の七人が殺されている。

トロツキーは、「もしもハートがゲ・ペ・ウの手先であったら、彼は……私をこっそり刺し殺すことができたはずだ」と彼を弁護し、彼の両親に宛てて、感動に満ちた哀悼のメッセージを送り、トロツキー邸内に彼（愛称「ボッブ」）を記念する碑を建てた。

この時、確実な暗殺者「ジャクソン」は、トロツキー邸の小要塞の門に立っていた。

第九章　運命の日、一九四〇年八月二〇日

シケイロス部隊のトロツキー襲撃はなぜ失敗したのか。

スドプラトフの『ＫＧＢ・衝撃の秘密工作』によれば、襲撃チームが失敗したのは、直接個人を襲った経験のあるプロの暗殺グループではなかったからだ。あいにく、エイチンゴンはこの急襲に参加していなかった。彼が加わって計画をチェックしていれば、トロツキーの抹殺は確実だったろう、とスドプラトフは言う。シケイロスの部隊には、部屋や建物の探索の仕方を知っている者がいなかった。ゲリラ戦の基礎訓練を受けただけの農民や坑夫たちだった。

エイチンゴンは暗号無線で、襲撃事件の失敗を報告した。ところが、この報告はモスクワに届くのが遅れた。ニューヨークに停泊中のソ連船を経由して行われたからだ。つづいて、これを無線通信士が暗号化してパリのヴァシレフスキーに送った。彼はそれをモスクワにリレーしたが、彼自身は暗号を解読できなかったので、重要なメッセージとは気づかず、報告が遅れたのである。

その結果、ベリヤとスターリンはタス通信を通じて襲撃の失敗を知ったのである。

一九四〇年五月のある日曜日、スドプラトフはベリヤの別荘に呼びつけられた。

ベリヤは彼を庭の隅に連れて行き、憤然とした様子で、彼がパリで承認したチームの構成を問いた

だし、トロツキー暗殺計画について知っていることを残らず話すよう迫った。

彼は、シケイロス・チームはプロとしてのレベルは低いとしても、彼らは忠実な同志であり、命を捧げる覚悟をしています、と答えた。ベリヤは彼に、直ちにオフィスに戻って、何か進展があり次第連絡するように、と指示した。

二日後、エイチンゴンの報告がパリ経由で届いたので、ベリヤにその要点を伝えた。エイチンゴンはメッセージの中で、本部の承認が得られれば、代わりの計画にとりかかるつもりだ、と強調していた。この代わりの方法とは、メキシコのトロツキスト・グループへの工作員の浸透を中止することを意味した。もし工作員の何人かがトロツキーを暗殺しようとして逮捕されれば、ネットワーク全体が明かるみに出るに違いない。彼はベリヤに状況を簡潔に説明した。

日付は不明だが、ある日、ベリヤとスドプラトフの二人は、スターリンのモスクワ近郊の別荘、都心から車で三〇分ほどのところに車で出向いた。

スドプラトフは、シケイロスのトロツキー暗殺の失敗を報告した。

スターリンは一つだけ質問した。

「オヴァキミヤンの率いるアメリカとメキシコの工作員ネットワークは、どの程度まで対トロツキー工作に引き込まれているのかね」

スドプラトフは、エイチンゴンの工作はオヴァキミヤンとはまったく別個に行われており、貿易会社ＡＭＴＯＲＧ（アムトルグ）を隠れ蓑にしたオヴァキミヤンのスパイ活動は少しも影響を受けていません、と答えた。

だが、スターリンはシケイロスの暗殺失敗に激怒しなかった、とスドプラトフは書いている。「怒っていたとしても、彼はトロツキー抹殺の活動を続行する決意の中に、その怒りを隠していた。確かに、しくじったことを不愉快に思っていたが、それを抑え、さらに大博打を打つ覚悟をしているように見えた。つまり、トロツキーを消すという最後の仕事に、工作員ネットワークすべてを動員しようとしたのだ」。

スターリンはそれまでの自分の現状分析をあくまでも変えなかった。彼はこう言った。

「トロツキーの抹殺はトロツキスト運動全体の崩壊を意味する。そうなれば、トロツキストや、コミンテルンおよびソ連の根底をゆるがす彼らの企みと戦う金は必要なくなるだろう」

そこでスターリンはトロツキー暗殺計画の代案の採用を命じた。また彼は、シケイロスの失敗にもかかわらず、エイチンゴンに全幅の信頼を置いていることを記した電報を打つよう指示した。スドプラトフは、電報を用意し、追伸として、「パヴェル（ベリヤのコードネーム）からもよろしくとのこと」と付け加えた。

エイチンゴンが後にスドプラトフに語ったところによると、ラモン・メルカデルはスペインでゲリラ戦士として受けた訓練を頼りに、この任務を実行する用意を整えていた。

戦争中、彼はライフルだけでなく、ナイフを手に肉弾戦にも参加した。彼はトロツキー暗殺に三つの方法を準備していた。「撃ち殺す」「刺し殺す」あるいは「殴り殺す」の三つである。母親のカリダードは息子の幸運を祈った。彼女とエイチンゴンは、トロツキー邸の警備状況を調べるためラモンに会った時、ナイフか棍棒を使うのがベストだろうと判断した。そのほうが護衛や家の者に見つからず持ち込めるし、音も最小限に抑えられるからだ。ラモンは力が強く、かつて爆破寸前の橋で歩哨を殴り殺したことがあった。

一九六九年初頭、スドプラトフはモスクワの作家同盟のクラブでラモン・メルカデルと会って昼食を共にしたことがある。その時、一九四〇年八月二〇日の行動の一部始終を語ってくれたという。その時、彼は、自分が暗殺者になるとは予想していなかった、と語った。彼の話では、メキシコ・シティの隠れ家で母親カリダード・メルカデルと一緒にエイチンゴンに会った時に提案された計画によると、エイチンゴン、カリダード、そして五人のゲリラ・チームが、メルカデルがトロツキー邸内にいる時を選んで、急襲する予定だった。外からの攻撃に護衛が気をとられている間に、メルカデルがトロツキーを撃つというのだ。しかし、メルカデルはこの計画に賛成せず、「自分一人で死刑を宣告したい」と言ったという。

この五月の襲撃失敗で、エイチンゴンはもはやこうした連中を相手にするわけにはいかなかった。エイチンゴンは、今やラモン・メルカデルに期待をかけることになった。メルカデルは覚えている。「死刑を執行すべし」との指令を受けたことを。君こそ、モスクワで言い渡された正義の判決の実行者、それは君を永久に英雄とする巨大な名誉である、と吹き込まれた。命令に背くことは許されなかった。

彼の本名は、ハイム・ラモン・メルカデル・デル・ピオ・エルナンデスという。

スドプラトフによると、彼は大変頭もよく、意志の強い人間で、自分の命を捧げた事業が歴史的に

カリダード・メルカデル〔1941年〕
（『RAMON MERCADER MI HERMANO（私の兄ラモン・メルカデル）』より）

正しいものであると狂信的に信じていたという。

　祖父か曽祖父がペテルブルグ駐在のスペイン大使を勤め、母方の祖父はキューバの県知事だった。母のユースタシア・マリア・カリダード・デル・リオ（エルナンデス）は大変衝動的でエネルギッシュ、決断力のある女性で、若くして五人の子供の母親となった。市民戦争が始まると、信心深い夫と別れ、共産党に入党し、ソヴィエト内務人民委員部の諜報員と緊密な協力関係を持った。

　当時、スペインに駐在していたソヴィエトの諜報機関の代表はオルロフで、補佐していたのがエイチンゴンであった。この時からエイチンゴンは母親のカリダードとその息子のメルカデルと親密な関係を持った。エイチンゴンはスペインにいた時から、この若い共和国軍の士官が信頼できて、意志が強く、決断力のある持ち主だと確信していた。メルカデルはこの頃から内務人民委員部の秘密協力者となった。「モルナール」とか「ジャクソン」という名前はスパイ活動用のものである。フランク・ジャクソン・メルカデルとなったのは、モスクワの内務人民委員部特別研究所でパスポートが用意された時、スペイン市民戦争で戦死したカナダ人義勇兵の証明書を利用したことからだった。

　エイチンゴン（レオニード・コトフ）は、これまでにさまざまな修羅場を潜り抜けてきていた。彼は、上海でゾルゲと一緒に仕事をし、有名な諜報員キム・フィルビーやその他ソヴィエトの諜報員の活動を指導していた（ヴォルコゴーノフ『トロツキー・その政治的肖像』（下））。

エイチンゴンは、トロツキー邸に仲間を潜り込ませる方法を見つけねばならなかった。五月の襲撃事件以来、トロツキーはサボテン採集のための山登りを止めていた。長期間にわたる監視の結果は、あまり芳しくなかった。トロツキーは極めて厳重な警備体制をとっていることがわかった。

六月中旬前にトロツキーを訪れたアメリカの友人たちの一団は、彼に、地下に潜り、変名して、自分たちの手でアメリカ合衆国へこっそり入国してもらいたい、アメリカなら安全な秘密の隠れ家を提供することができるから、と懇請した。だが、彼は彼らの懇請を聞き入れようとはしなかった。自分の生命を助けるためにこそこそ逃げまわって、人目を盗んでこっそり仕事をすることはできない、自分は敵にも味方にも公然と会わなくてはならない、自分の裸の頭は「漆黒の夜」を最後まで耐えなくてはならない、と彼は言い張った。

襲撃事件以後、友人たちや市当局の強い要請で、コヨアカンの邸宅は事実上の要塞に変貌した。護衛を増やし、武装をより強化した。防弾窓も据えつけた。天井や床に防弾装置を施した。古い木造玄関に代わって、電気スイッチで制御される鋼鉄製二重扉がつけられた。新しく装甲を施した三基の塔がパティオ（スペイン風の家の中庭）だけでなくあたりをすべて見渡せるように建てられた。有刺鉄線や防弾ネットも用意された。これらの築造のすべては第四インターナショナルのシンパやメンバーの犠牲によって可能となったのである。メキシコ政府も屋外勤務の護衛警官の人数を三倍にして、この全世界で最も有名な亡命者を保護するため可能な限りを尽くした。

だが、きたるべき襲撃がどんな形のものかということだけが、未知だった（トロツキーの秘書ジョセフ・ハンセン「最後のトロツキーとともに」）。

くる週も、くる週も、今日か、明日か、と新しい襲撃が予想された。

トロツキーは毎朝起きると、いつもナターリャに言った。

「そうらね、結局僕たちは昨夜殺されはしなかった。それなのに、君はまだ不満なんだね」

また一、二度、彼は物思いに沈みながら、こう言い添えたことがある。

「そうだ、ナターリャ、僕たちは死刑を執行猶予されたのだ」

また、邸宅の防御工事を見ながら、いかにも不快そうに秘書のハンセンに言った。

「これを見ると、僕が初めてぶちこまれた監獄を思い出す……。ドアがみな、あれと同じ音を立てる……これは家ではない、中世の牢獄だ」


ハンセンは書いている。

「事実、彼は、死刑囚監房の中で運命の日を待っている人間のようだった……」（ドイッチャー『追放された予言者・トロツキー』）

しかし、トロツキーは相変わらず活動的で、精力的に仕事をした。

トロツキーは連日のように、懸案を処理し、積み上げた原稿用紙に向かって、スターリンについて何か新しいことを書こうとして悪戦苦闘していた。

その頃、「首領」たるスターリンは、すでに地上の神となっていた。トロツキーがメキシコに滞在していた期間、スターリンは連日のように、「トロツキスト」と見なされて「第一のカテゴリー」つまり死刑の判決を受けた何百人ものリストを、自ら裁可した。一九三八年一二月一二日、この日一日だけで、何と三、一六七人の銃殺に裁可を与えていたのである。

メキシコに居を構えたメルカデルは、アメリカからシルヴィアを呼び寄せた。その彼女は一九四〇年初めには、早くもトロツキーの秘書として働き始めた。なぜ、そのように早く秘書になれたかというと、彼女の妹ルース・アゲーロフが以前トロツキーのもとで働いていたことがあったからである。トロツキーはこのつつましやかで目立たない女性が気に入っていた。彼女はすべてにわたってトロツキーを助けた。速記をとり、プリントをし、資料を選び、新聞の切り抜きをし、その他こまごました指示をこなした。

エイチンゴンは、シルヴィアがトロツキー邸で働くことになったことを知ると、満足した。重要な「潜入」の第一歩が踏み出されたのである。


シルヴィアがメルカデルと一緒にホテル「モンテキスコ」に滞在していた間、メルカデルは彼女を自分の優雅な乗用車「ビュイック」でトロツキー邸まで送った。洒落た着こなしのこの商社マンは車から降りると、ドアを開け、シルヴィアが降りるのに手をかした。そして彼女の頬にキスをし、手を振って別れるのだった。しばしば迎えにもきた。交代で門の警護にあたっていた警備隊員たちも、このハンサムで、背が高くて、愛想のいいシルヴィアの「婚約者」に、次第に慣れていった。そして、いつの間にか皆に、仲間内の人間だと思われるようになった。

ある時、メルカデルは、フランスからきていたロスメル夫妻を車に乗せるようになった。すでに紹介したように、メルカデルはパリで開かれた第四インター創立会議以降、ロスメル夫妻とは顔見知りになっていた。ロスメル夫妻はトロツキーに、シルヴィアの婚約者は大変感じのいい好青年だと語った。マルガリータ・ロスメル夫人のお陰で、彼は何回か「要塞」の中に足を踏み入れることができた。最初は四月下旬、彼女は都心で買い物をし、それを、この「好青年」にトロツキー邸内の自分の部屋まで運ばせたのである。その時はそのまま車に引き返したが、初めて邸内に入ることが許されたメルカデルは、その後部屋やドア、外側の警報装置、錠前などについて、密かに潜入していたソ連の女性エージェント（名前不明）からの情報とつきあわせていった。

襲撃事件から二、三日たった五月二六日か七日、エイチンゴンはメルカデルと二人きりで部屋に閉じこもり、長時間話し合った。そして、このスペイン人の意識の中に沈殿させるかのように、次の言葉を投げかけるのであった。

「メキシコ、それは報復を遂行するのに理想的な国だ。ここの法には、最高刑（死刑）すらない……。だが、このことは覚えておくがいい。もしお前が身を隠すのに失敗しても、われわれは救出する。きっと助け出す！」

エイチンゴンとメルカデルは、数回にわたって、あらかじめ打合せた時間に顔を合わせ、作戦の細部、いろいろなバリエーション、実行の方法について細かく検討した。この後の出来事の展開を見ると、彼らは絶対に失敗の許されないバリエーションについて話し合っていたことが想像できる（ヴォルコゴーノフ『トロツキー・その政治的肖像』（下））。

襲撃事件があった数日後の五月二八日――。暗殺者メルカデルがトロツキーと初めて面と向かって顔を合わした。それは、まったく思いがけない偶然のことだった。

この日、ロスメル夫妻がメキシコを発ち、ベラ・クルスから船に乗りアメリカへ旅立つことになっていた。そのため、メルカデルは、どっちみち自分はいつもの商売上の旅行でベラ・クルスへ行かなくてはならないから、自分の車で港まで送って行こうと五月二四日に約束していた。五月二八日の朝早く、夫妻を連れにやってきて、夫妻の支度ができるまで中庭で待っていてくれ、と言われた。

中庭に入って行った彼は、そこでトロツキーとばったり出会った。トロツキーはウサギ小屋でウサギに餌をやっているところだった。トロツキーは、自分の仕事を続けながら、この訪問者と握手した。彼は模範的なほど慎重に、優しく振る舞った。その後、孫のセーヴァの部屋に行って、玩具のグライダーを与え、動かし方を教えてやった。トロツキーに言われて、ナターリャは彼に、自分たちやロスメル夫妻と一緒に朝食をするようにすすめた。

モズレーの『トロツキーを殺した男』によれば、ディテールが違うので、それを紹介しよう。

五月二八日、フランク・ジャクソンという男が庭内に入ってきた時、トロツキーは、ちょうどニワトリとウサギの世話をしている時だった。朝の七時五八分だった。この時刻が正確にわかったのは、当時、門の出入りする人間は、ガードマンがすべてチェックしていたからである。トロツキーは快く迎え、しばらくの間二人はウサギのことなどを雑談していた。

セーヴァを見つけたジャクソンは、彼に声をかけプレゼントに持ってきた模型のグライダーを与えた。セーヴァは、四日前に暗殺団の投げた焼夷弾が燃えていた庭でそのグライダーを飛ばして遊んだ。トロツキーは、丁寧にナターリャに、ジャクソンも一緒に朝食に誘ったらと促し、みんな揃って朝食のテーブルについた。メンバーは、トロツキー家、ロスメル夫妻、それにガードマンが二人とジャクソンだった。

六月一二日——。二週間ぶりにメルカデルがトロツキー邸に姿を見せた。その時、彼は、自分はニューヨークへ行くことになったからと言ってトロツキー邸に立ち寄り、自分の留守中、護衛たちが自分の車を使えるように中庭に置いて行くからと言って、ほんの数分いただけだった。彼は一ヵ月してメキシコへ帰ってきたが、トロツキー邸には三週間も姿を見せなかった。

このような環境のもとで、コヨアカンのトロツキーの家にいた人たちは、誰一人としてジャクソンを詮索したものはいなかった。

アメリカからメキシコに帰ってくると、ジャクソンはガードマンたちに、ニューヨークのトロツキストたちの本部を訪問しようと思ったが、その時間が作れなかったと言い、ガードマンたちが不思議がって、どうしてと問い返すと、ジャクソンは、昼間はウォール街にある事務所で身を粉にして忙しく働き、夜は夜で、アゲーロフ姉妹とオーソドックスなトロツキー主義などについて論争ばかりしていたからだと答えていた。

ジョー（ジョセフ）・ハンセン（一九三七—四〇年、トロツキーの秘書。後に社会主義労働者党の指導者）の言葉を借りれば、トロツキーはガードマンたちに、「勿論、彼はどちらかと言えば少々軽率なところがあり、恐らくは、第四インターナショナルの強力なメンバーにはなれないだろう。だが、彼をメンバーの一員に引き入れようとすれば、できないことはない。第四インターナショナルを築き上げるためには、人々の心を変えることができるという自信をわれわれが持つことが必要だ」と説明していたという。

七月二九日――。ついにトロツキー夫妻（あるいはナターリャ）が彼とシルヴィアをお茶に招いた。会話は主に「若い人たち」の将来について話がはずんだ。ナターリャは二人が結婚するものと確信した。そして如才なく、ユーモアを交えて家庭生活やその苦労話をした。この日が彼の一番長い訪問だった。活発な議論が一時間ちょっと続いた。

八月一日――。メルカデルは日用品の買い物のためシルヴィアとナターリャを車で都心まで案内した。彼は注意深く買い物の包みを家に運んだ。ナターリャがその包みはこっち、これは向こうへと指示するままに、それが終わると、メルカデルは急ぎの用事があるので、と言って帰っていった。

八月八日――。メルカデルは、別にこれといった用事もないのに、花束とキャンデーの箱を抱えてトロツキー邸を訪ねた。メルカデルはトロツキーとの会話の中で、トロツキーが山へ出かける時は喜んでお供します、と語った。トロツキーは、この申し出に感謝したが、はっきりした返事はしなかった。

八月一一日――。昼食の後、車でシルヴィアを迎えにきたメルカデルは、外で待つのを止め、トロツキー邸の中に入った。警備隊員たちもこれを当然のように受け入れた。彼はすでに見慣れられていた。間もなく、このハンサムな「商社マン」は「婚約者」を伴って現れ、二人は帰って行った。

八月一七日――。この新しい「家の友人」は、招待されたわけでもないのにやってきて、バーナムとシャハトマンを批判した論文を書いたのでトロツキーに数分間でいいから時間をさいて頂けないかと頼んだ。トロツキーはしぶしぶと、しかし誠実に、「ジャクソン」に一緒に書斎へきたまえ、と言った。彼らは書斎に二人だけいて、その論文を論じ合った。

一〇分ほどたったばかりで、トロツキーは心を乱し、不安そうな様子をして出てきた。

彼の疑惑が不意に高まった。そしてナターリャに、もう「ジャクソンには会いたくない」と言った。彼を困惑させたのは、この男が書いた間の抜けた論文の内容ではなく、彼の態度だった。

彼らがテーブルに向かい、トロツキーが論文を読み通している間、「ジャクソン」はそのテーブルの上に腰を下ろして、会見中、最後まで、トロツキーの頭の上にのしかかるようにしていたのである！

しかも、その間中、帽子は被ったままで、上衣はしっかり体にくっつけていた（モズレー『トロツキーを殺した男』によると、暗殺遂行後にわかったことだが、ジャクソンのレインコートの縫い込みの部分には、刃わたり三三センチほどの短刀が縫い込んで隠してあり、ポケットの中には、柄を三〇センチほどの長さに切り詰めた登山用のピッケルが差し込んであった。その金属部分の片方は一八センチほどの長さで二股になり、もう片方は鋭利にとがっていた。また、ズボンのポケットには四五口径の自動ピストルが入っていたという）。

トロツキーは、この訪問者の無作法にいらだたされたばかりでなく、再び「詐欺行為」を直感した。この男は「かたり」だという感じがした。「ジャクソン」の態度から見て、「あれは全然フランス人のようではない」とナターリャに言った。だが、彼はフランスで育ったベルギー人だと称している。あいつは一体何者だろうか？　調べ出さなくてはならない。トロツキーの勘は正しかった。ナターリャはびっくりした。

だが、暗殺者は、犠牲者の直感と自己保存の本能よりも速く動いた。トロツキーが彼の漠然とした疑惑を秘書のハンセンに打ち明けたのは、彼に対する暗殺計画の実行の前日であった。

八月一七日の直接会見は、「ジャクソン」にとって、彼の最後の「舞台稽古」だった。彼はトロツキーと二人だけで差し向かいで話をするために、彼の書斎へ誘い込み、彼に原稿を読ませ、自分は彼の上にのしかかるようにした。彼はピッケルと短刀とピストルを上衣（とズボン）の中に隠し、体にしっかりくっつけて、この「本稽古」をやりにきたのだった（ドイッチャー『追放された予言者・トロツキー』）。


八月二〇日――火曜日。ついに、運命の日がやってきた。太陽は明るく輝いていた。

トロツキーは午前七時に起きると、妻に向かって、「そらね、僕たちは昨夜殺されはしなかったろう」と、今ではもう口癖になっていた冗談の代わりに、いかにも健康そうな表情をして、「久しぶりに体の調子がいい」と言い、昨夜飲んだ睡眠薬がよかったんだな、と言い添えた。「薬ではなくて、ぐっすり眠って、すっかりお休みになるのがいいんですよ」と彼女は答えた。「勿論、そうだ」と、彼は満足そうに同意した。そして、「今日は一日、うんといい仕事をするんだ」と言い、急いで着替えて、ウサギに餌をやりに元気に中庭（パティオ）へ出て行った。医者の命令で、日曜日はベッドで過ごしたため、ウサギのほうはちょっと放っておかれたのだった。それで、今朝はまる二時間、一生懸命にウサギの世話をしてやった。

朝食の際も、彼はまたナターリャに、今日は体の調子が素晴らしくよくて、いい気持ちだ、と言った。彼は『スターリン』の仕事に早くかえっていきたかった。彼は五月の襲撃以後、警察の調べや当面の論争に時間がさかれ、この仕事は中断したままだった。

ストライキに参加して投獄され、間もなく釈放されることになっていた二名のアメリカ人の同志に、ジョークに満ちた挨拶を送った――「つねに、そんな場所は、入る時より出る時が嬉しいものだよ。私のこれまでの個人的な経験からすれば、そのような日はとても素晴らしい日なんだよ」。それから、いよいよ彼の最後の論文を録音機で記録しにかかった（モズレーによれば、手紙を書き終わると、その二日前にディクテイトした〔読み上げ書き取らせた〕軍国主義と平和主義に関する執筆を始めたが、その最初の原稿はすでにタイプライターで打ち終わって彼の訂正を待つばかりになり、机の上に置いてあったという）。

午後一時に、彼のメキシコの弁護士リガウルトが、トロツキーはメキシコの労働組合を中傷していると非難した、トレダノの新聞『人民』の攻撃を直ちに反駁するようにすすめるため、やってきた。トロツキーは同意し、革命的敗戦主義についての「最後の論文」は「数日間」のばした。「僕は攻勢に出て、彼らの鉄面皮な中傷を糾弾してやる」と彼はナターリャに言った。そして、調子が素晴らしくいい、ともう一度彼女に繰り返した。

少し昼寝をしてから、またデスクに向かって、『人民』紙からノートをとった。彼女は時々、邪魔をしないように、彼の書斎のドアをほんのちょっと開けて見た。彼は「いつものように、ペンを手にして、デスクに屈みこんで」いた。

モズレーによると、この日、ジャクソンがホテル・モンテを出たのは、朝もまだ早い時だった。出かける頃になって彼は、シルヴィアに、合衆国大使館にビザのことで出かけてくると理由を説明したが、これは、その翌日二人でアメリカへ旅行する計画になっていたためだった。

ジャクソンがホテルに帰ってきたのは、もう昼に近かった。何だか不機嫌そうな顔をしていたが、二人は誘い合って昼食に出かけた。美術宮殿の石段近くで、二人はひょっこりトロツキーの秘書の一人のオットー・シュスラーに会った。二人は彼に明日ニューヨークに発つのでこれからコヨアカンに行ってトロツキーに別れの挨拶をしようと思っていると言ったところ、オットーは、それでは夕方の七時半に一緒に食事をしようという話を持ち出した。シルヴィアは嬉しそうだったが、ジャクソンは黙っていた。それから、昼食前にもう一人約束があるので、と言ってそこを立ち去った。シルヴィアはオットーとディナーの時間と場所を確かめた後、一人でホテルに帰った。

ジャクソンは、その日の午後は町をブラついて過ごし、郵便物を受け取りにウェルスファーゴ事務所（郵便物の宛名の住所）に立ち寄り、それから郊外の人の気配のないところまで車を走らせ、そこで、パスポートや、自分が「フランク・ジャクソン」ということがわかるようなものは、一切焼き捨てたと供述していた。それから、ジャック・モルナールとして、トロツキーを殺害する動機を書いた手紙の最後に「八月二〇日」という日付を書き込んだ。この手紙は、メルカデル自身の言によると、一日前に、チャプルテペックの森で書いたものであると言い、手紙の最後には、「ジャック」とサインしたが、これもジャクソン、あるいはジャックの何れにも使えるからだった。

その後、彼はコヨアカンに出かけて行った、という。

午後五時少し過ぎ、トロツキーはまたウサギ小屋へ向かい、ウサギに餌をやった。バルコニーに出たナターリャは、彼の脇に「見慣れぬ人間」が立っているのに気づいた。その人間は近づいてきて、帽子をとった。「ジャクソン」だった。「『この人、またやってきた』そういう考えが私の心にひらめいた。『この人、なぜこんなに度々来だしたのだろう?』。私はそう自問した」。彼の出現は、彼女の不吉な予感を深めた。

この日「ジャクソン」がきたことは、秘書の護衛たちも確認していた。

秘書のジョセフ・ハンセンはこう記している。

「チャールズ・コーネルとメルキアデス・ベニテスと一緒に、私は第一監視塔のそばの屋上に立っていた。われわれはゲ・ペ・ウの再度の襲撃に備えて非常警報用電気装置と強力なサイレンを連結させようとしていた。当日午後遅く、五時二〇分から三〇分の間に、ジャクソンがビュイックのセダンを運転してやってきた。彼は、第四インターナショナルのシンパとして、かつ前社会主義労働者党員シルヴィア・エイジロフの夫としてわれわれに知られていた。彼はいつもの習慣通りにラジエーターを家に平行させて駐めた。車から出ると、屋根の上にいるわれわれに手を振って叫んだ。

『シルヴィアはもう着きましたか?』

われわれはいささか驚いた。トロツキーがシルヴィアとジャクソンに約束していたとは知らなかったが、その約束をわれわれが知らないのはトロツキーの手ぬかりだと思った。こうした過失は、そんな時彼に珍しいことではなかった。

『いや、まだだよ、ちょっと待ちたまえ』

と私はジャクソンに答えた。それからコーネルが二重扉の電気制御器を操作し、ハロルド・ロビンズが訪問者をパティオ（中庭）に迎え入れた。ジャクソンはレインコートを腕にかけていた。

雨期なので、日は照っていたけれども南西の山々には厚い雲がかかっていて、大降りがきそうだった。

トロツキーはパティオでウサギとひよこに餌をやっていた。やむなく閉じ込められた生活で軽い運動をとる彼の方法がこれであった。いつもの習慣通り餌を与えてしまうと、それともシルヴィアが着くまで、トロツキーは室内に入らないものとわれわれは思っていた。ロビンズはパティオにいた。トロツキーにはジャクソン一人とだけ会う習慣はなかった」（「最後のトロツキーとともに」、『トロツキー・最後のたたかい』所収）

モズレーによると、ジャクソンは門のところに到着するとUターンして、町のほうへ車を向けて駐車した。このようなことは、彼には珍しいことだった。

ジャクソンは車から降りて、シルヴィア・アゲーロフがきているかどうか聞いていたが、ハンセンがまだきていないと答えると、ジャクソンは、トロツキーから二人でくるように言われたので、と言っていた。コーネルが電動装置になっているガレージの門を開けると、ジャクソンは庭のほうへ入って行った。トロツキーはウサギ小屋の傍らに立っていて、ウサギに餌をやっていた。

後になってわかったことだが、その時、家の近くには、ジャクソンの自動車の他に、もう二台の自動車が停まっていた。一台にはレオニード・エイチンゴン、もう一台にはラモンの母親カリダードが乗っていた。勿論、ラモンの脱走を手伝うためだった。彼を近くの飛行場まで連れて行き、そこに待っていた小型飛行機で国外に連れ出すことになっていた。しかし、この計画も、彼が物音を立てずに仕事を遂行できるかどうかにかかっていた。そうすれば、トロツキーを書斎で暗殺しても、誰にも知られずに、誰からも呼び止められることもなく屋敷から抜け出せる手はずだった。

この日の「ジャクソン」の顔は青ざめ、身振りはそわそわし、ぎくしゃくしていた。そして、まるで痙攣でも起こしているように、外套を体にくっつけた。突然、ナターリャは彼が、自分は冬でも帽子や外套は決して着ないと自慢していたことを思い出した。そこで、こんなに好いお天気なのに、なぜ帽子をかぶったり、外套を着たりしているのか、とたずねると彼は、「雨が降るかも知れませんので」と答え、「ひどく咽喉が乾いているから」と言って水を求めた。

彼女が、論文を直しましたか、とたずねると、彼は片手で外套をしっかりつかみ、もう一方の手で何枚かのタイプした紙を出して見せた。

その後、ナターリャは「ジャクソン」と一緒にウサギ小屋のほうへ行った。

二人がそばへ行くと、トロツキーは彼女のほうへ振り向いて、ロシア語で、「ジャクソン」はシルヴィアがくるのを待っているのだ、二人とも明日ニューヨークへ発つそうだから、お別れの食事に招いたらどうか、と言った。

この不思議な男は、タイプした紙を手にして待っていた。

トロツキーは、前に、論文をもう一度書き直すように言っておいたので、彼の新しい努力の結果を見てやらなくてはならないような気がした。

「どうかね、一緒に君の論文を見てみるかね？」

彼は少しも急がず、小屋を閉めて、仕事用の手袋をぬいだ。そして、青いジャケツの埃を払い、ナターリャと「ジャクソン」と一緒に、黙って、ゆっくり家のほうへ向かった。

ナターリャは二人について夫の書斎の入口まで行った。ドアが閉じられ、彼女は隣の部屋へ行った。

彼らが書斎へ入った時、「この男は自分を殺すかも知れない」という考えが、トロツキーの心をかすめた——彼はそれからほんの数分後、血だらけになって床の上に横たわりながら、ナターリャにそう言った。

彼は、恐怖と人間嫌いによって自分の生活を束縛されないように決心していた。だから、今度もまた、彼は、自分の自衛本能の、この最後のかすかな反射作用を抑えた。そして、デスクへ行って、腰をおろし、タイプした原稿の上に屈みこんだ（ドイッチャー『追放された予言者・トロツキー』「漆黒の夜」）。

トロツキーの最後の瞬間も、ドイッチャーの文章で紹介しよう。ドイッチャーのトロツキー三部作の最後を飾る、渾身の力を込めて書かれたシーンである（訳・山西英一）。

——彼がやっと最初の一ページを読みとおした時、恐ろしい打撃が彼の頭上に打ちおろされた。「僕は自分のレーンコートを……家具の一つの上においた、ピッケルを取り出し、それから、目を閉じて、ピッケルを力いっぱい、彼の頭上に打ちおろした」と「ジャクソン」は証言している。彼は、この強力な一撃で、自分の犠牲者は声も立てずに死ぬだろう、自分は自分の行為が発見されないうちに、外へ出て、姿を消すことができるだろう、と思った。ところが、犠牲者は「恐ろしい、つんざくような叫び声」をあげた——「あの叫び声は、一生僕の耳について離れぬだろう」と、暗殺者は言った。脳天を打ち割られ、顔を突き刺されながら、トロツキーはパッととび起きて、暗殺者目がけて、本や、インクつぼや、辞書まで、手当り次第、片っ端から投げつけ、それから自分の体を彼にたたきつけた。それまで三、四分しかたたなかった。つんざくような、胸も張り裂けるような叫び声に、ナターリャと護衛たちは、ハッと立ちあがった。だが、その声がどこからおこったか知るのに数瞬間かかった。その数瞬間、書斎では物凄い闘争が行われていた。トロツキーの最後の闘争が。彼は、さながら猛虎のように闘った。彼は暗殺者に組みつき、彼の手に噛みつき、ピッケルを彼からねじりとった。暗殺者はすっかり動顛してしまって、第二撃を打ちおろすこともできなければ、ピストルや短刀を使うこともできなかった。それから、もはや立っていることができなくなったトロツキーは、敵の足もとに崩れ落ちまいとして、渾身の意力をふりしぼり、徐々によろめきながら後退した。ナターリャが飛込んで見ると、彼は食堂とバルコニーの間の入口の、ドアのかまちによりかかって立っていた。彼の顔は血でおおわれていた。その血の中から、眼鏡のない彼の青い目が、いつもよりいっそう鋭く光って彼女を見た。

「『どうしたんです?』私は聞いた。『どうしたんです?』私は彼を両腕で抱きしめた……静かに、怒りも、憎しみも、悲しみもなしに、彼は『ジャクソン』と、ただ一言、言った。彼はそれをまるで『ついに起こった』と言おうとするように言った。私たちは二、三歩あるいた。すると、徐々に、私に助けられながら、彼は床のマットの上にぐったり倒れた」

トロツキーは切れ切れに語った。

「わしは感づいた……あいつがなにをしようとしているか、わしは、わかった……あいつは……わしを……もう一度……だが、わしは、あいつにそうさせなかった」。そして、満足のしるしのように、「だが、わしは、あいつにそうさせなかった」と繰り返した。

一方、書斎では、護衛たちが暗殺者におどりかかり、ピストルの台尻で彼を殴り続けた。暗殺者の「ヒーヒー」という泣き声と呻き声が外に聞こえた。

トロツキーは、はっきり口をきこうともがきながら言った。

「みなに、殺すなと言え。いかん、いかん、あいつを殺してはいかん――あいつに話させなくちゃならん」

「ジャクソン」は命拾いをし、その場で「捕縛」された。

医師がきた時には、トロツキーの左腕と左足はすでに麻痺していた。

トロツキーが救急車から降ろされている時、病院の外にはすでに大勢の群衆が集まっていた。それから数分後、彼は病院の狭いベッドの上に横たわり、医師たちが彼の傷を調べた。

トロツキーは秘書のハンセンのほうを振り向いて、「ジョー、きみ……ノートブックを……持っているかね?」と聞いた。彼はハンセンがロシア語を知らないことを思い出して、非常な努力をして、英語でメッセージを伝えようとした。彼の声はほとんど聞き取れず、言葉はかすんだ。ハンセンが書き取ったと言っているのは、次の通りである。

「わたしは政治的暗殺者が……わたしの書斎で、わたしに打ちおろした……打撃のため、死に瀕している。わたしは、かれと闘った……われわれは……フランスの統計について、話し……はじめた……彼はわたくしを打った……われわれの友人たちに伝えてくれ……わたしは……第四インターナショナルの……勝利を……確信する、と……前進せよ」

オットーはシルヴィアとタクシーをひろってコヨアカンに直行した。屋敷内は警察官や新聞記者で埋まっていた。トロツキーとジャクソンはもうすでに病院に連れて行かれた後だったが、書斎の内部は、二人の格闘の跡がそのまま残されていた。家具類はひっくりかえり、書類は散乱し、血のついた

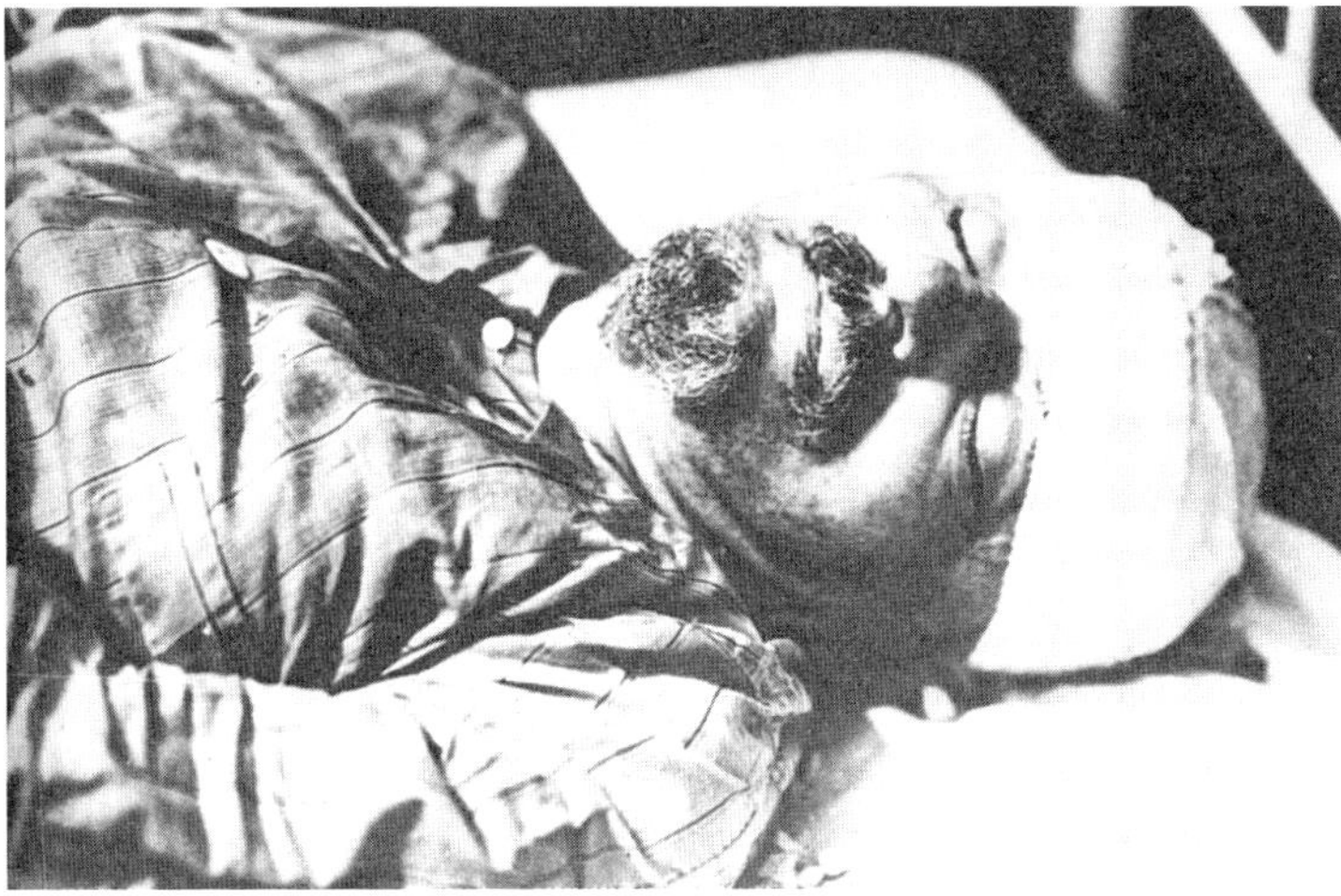

病院に運ばれ死亡したトロツキー
(『RAMON MERCADER MI HERMANO (私の兄ラモン・メルカデル)』より)

警察に連行されるラモン・メルカデル
(『RAMON MERCADER MI HERMANO
(私の兄ラモン・メルカデル)』より)

襲撃直後のラモン・メルカデル
(『写真集トロツキー』より)

ままのピッケルが床の上にころがっていた。ジャックがいつも抱えて歩いていたレインコートが、短刀とピストルを隠していた場所も露に置かれ、その傍らには黒いベルトのついたグレーのフェルト帽もあった。床の上には、二ヵ所に血液のたまりがあった。シルヴィア・アゲーロフがフラフラと部屋の中をうろついているのを警察は目撃していた。白いワンピースを着ていた。まるで子供のようだった。そのうちに、シルヴィアは泣き始め、ジャック・モルナールを殺せとわめき、「私は彼に利用されたんだ！」と叫んだ。

シルヴィアも病院に連れてこられたが、ヒステリックになっていて、ジャクソンのいた部屋とトロツキーの部屋の近くの一室に閉じ込められてしまった。

サラザールは、シルヴィアをジャクソンに面会させてみようと思いついた。それは、ジャクソンがトロツキーを殺害しようとした一つの理由はシルヴィアに対する愛情のためと言い、同時にまた、この事件とシルヴィアは何の関係もないとも言っていたからである。

ジャクソンは眼の傷を診断してもらうために眼科医のところに連れて行かれようとして廊下を半分ほど歩いてきた時、ベッドの上に横たわり、顔を手でおおったシルヴィアを見たジャクソンはサラザールに向かって、「どうして俺をここに連れてきたんだ」と食ってかかった。その声を聞いたシルヴィアは、「彼を殺して！　彼を殺せ！」と大声で叫んだ。

その日の午後七時三〇分頃、トロツキーは昏睡状態に陥った。五人の外科医が彼の頭蓋骨に穴をあける手術を行った。傷は二インチ四分の三の深さに達していた。右の頭蓋骨が砕かれ、その破片が脳髄に突き刺さっていた。脳膜は傷つき、脳髄の一部が破れ、砕かれていた。彼は驚くべき力で手術に耐えたが、しかし意識を取り戻すことはなかった。しかし彼は、驚くべきことに二二時間以上も、死と格闘を続けた。ナターリャは、涙の枯れた目で、両手をしっかり握りしめ、彼が昏睡から目覚めるのを待ちながら、夜も昼も、ずっと彼を見守り続けた。

ナターリャはトロツキーの最期の姿をこう書き残している。

「みんなはかれを持ち上げた。かれの頭がかれの肩にたれた。両の腕は、ちょうどティツィアーノの『十字架から降ろされるキリスト』のなかの腕のようにたれた。死にいくひとは、茨の冠のかわりに、包帯をまかれていた。かれの顔立は、その純潔と誇りをとどめていた。かれはいまにもまだまっすぐに立ち上がって、ふたたび自分自身の主人となりそうに思えた」(ドイッチャー『追放された予言者・トロツキー』所収)

一九四〇年八月二一日、午後七時二五分、レオン・トロツキーは息を引き取った。

八月二二日、メキシコの慣習に従って、トロツキーの亡骸を入れた霊柩車のあとから、葬式の大行列が、市の繁華街を、そしてまた労働者階級の郊外地区を、コヨアカンからゆっくり進んだ。亡骸は、市庁舎のホールを遺体安置所に変えて、そこに五日間安置された。棺架の上に乗せられた遺体の四隅には、彼の面倒をみていたガードマンやメキシコでの彼の支持者だった人が一人ずつ立ち、遺体の上には、彼の第四インターナショナルの旗がかけられた。彼に最後の別れを告げにきた人の数は、およそ三〇万人に達した。

街々には、無名の吟遊詩人が即興で作った民謡（コリド=哀悼歌）『レオン・トロツキーの挽歌』がこだましていた。

「ひと知らぬ間に、刺客に襲われ
トロツキーは逝きぬ
いつの日か果さむものと
たくらみし復讐……火曜日の午後の暮近く
宿命の悲劇は
国と首都を震撼しぬ」（ドイッチャー『追放された予言者・トロツキー』）

トロツキーが暗殺された翌日、メキシコのラザロ・カルデナス大統領は次のような追悼文を発表している。

「人民の目的も理想も、その指導者が死んだからといって消え失せるわけではない。反対に、それは、自らの大義のために殺された犠牲者の血を通じて、いっそう強力になるのだ。トロツキーの血は、この祖国の心臓を潤すだろう」（エルネスト・マンデル「今日の世界社会主義革命」（下）、『トロツキー研究』No.32、33所収）

八月二七日、亡骸は火葬に付された。遺骨はコヨアカンの「小要塞」の庭に埋められた。葬儀の後まもなく、第四インターのアメリカ支部の指導者会議が開かれ、墓にオベリスクを建てることが決まった。オベリスクは直ちに建立された。

オベリスクは、素朴なものだった。人の身長の一倍半ほどの高さのコンクリートの板に、革命のシンボルである大きな鎌とハンマーが刻み込まれている。上部にはローマ字で、「レオン・トロツキー」

と名前がはめ込まれ、その背面には、赤旗を半旗で掲げるポールが据えつけられている。このオベリスクはトロツキーにとって唯一残された記念碑である。

トロツキー亡きあと、ナターリャ夫人はこの家で、さらに二〇年間暮らすのである。

ナターリャは生前、オベリスクのまわりをいつも草花が生い茂っているようにと、丹精込めて手入れをしていたという。

第十章

秘密指令「暗殺者を奪還せよ」

計画通りいけば、トロツキーは声を上げず、ラモンは死体が発見される前に逃げ出せるはずだった。護衛がよく訪ねてくることを知っていたからである。傷がもう二センチ深かったら、トロツキーは即死していた。しかし、彼は最後の命をふりしぼって反撃し、大きく叫び声を上げながら二度目の攻撃に抵抗し続けた。

トロツキー暗殺の現場責任者エイチンゴンと母親のカリダードは、近くに停めていた車の中でラモンを待っていたが、トロツキー邸での騒ぎが大きくなると、逃げざるを得なかった。彼らは最初はキューバに逃げ、そこでカリダードは一族のコネを利用して隠れていた。グリゴリエヴィチはメキシコ・シティからカリフォルニアに逃げた。

モスクワへの第一報はタス経由で届いた。一週間後、エイチンゴンはキューバから今度もパリ経由で暗号無線を送った。モスクワは上首尾に終わったことに好意的な反応を示した。ベリヤはスドプラトフに、カリダード、エイチンゴン、グリゴリエヴィチがうまく逃げて安全に隠れているか、とたずねた。彼らはメルカデルの知らない隠れ場所に無事いる、と伝えた（スドプラトフ『KGB・衝撃の秘密工作』）。

モスクワの『プラウダ』紙は、この事件を、「トロツキー、落胆した支持者に殺害さる」という短い記事にしただけだった。その他の国々では、新聞の第一面を飾る大きな記事として扱われた。

母親のカリダードは、暗殺が成功したというニュースを聞いてモスクワへ帰り、スターリンからレーニン勲章を与えられ、また、彼女の息子のためにソ連邦の英雄勲章も与えられたのである（ニコラスモズレー『トロツキーを殺した男』）。

メキシコ共産党は、暗殺について遺憾の意を表明し、つづいて、どうしてゲ・ペ・ウの密偵がそれを行わなければならなかったかについて解説を加えたのみだった。

当時、まだ行方をくらましていた襲撃事件の首謀者シケイロスは、メキシコ共産党が、暗殺についての遺憾の意を表明したことについて抗議の電報を新聞社に送り、トロツキーの死が確定するのを待って隠れ家から出て行くつもりだったと説明していた（モズレー、前掲書）。

サラザール大佐は、「ジャクソン」への最初の訊問と調査の第一段階で、五昼夜費やした。その後、タイプライターで打たれた一四四ページにも及ぶ膨大な報告書を検事に提出した。その報告書の大部分は訊問の記録であった。

犯行の再現は八月三〇日に行われた。指揮する予審判事の命令で、個人用寝台車がジャクソン・モルナールを正午頃迎えにきて、彼をトロツキーの家へ連れて行った。ガリンド少佐と部下の四人が彼を護送した。

予審判事は、犯行が行われた部屋の入口を閉鎖していた五つの封印を取り外した。事件以来、犯行現場は何一つ触れられていなかった。テーブルの上には、トロツキーが遠くを見るためにかけた眼鏡がまだあったし、また、左側には、片方のレンズが砕けた亀甲縁の眼鏡があった。トロツキーが致命的な打撃を受けた瞬間につけていたものである。そして、長椅子のそばの椅子の上には、トロツキーが読んでいた実録書『ヒットラーは私にいった……』があった。またその机の中にはそれぞれ六発の弾丸が込められた、トロツキーの二丁の連発銃があった。

予審判事ラウル・カランサ・トルヒヨは、犯人を連れてこさせた。犯人は頭を低くたれ、哀れな様子で、足をひきずりながら入ってきた。彼は灰色の背広を着ており、包帯の帽子から髪の毛の先の部分が出ていた。彼は故意に衰弱を誇張し、苦しみうめくのを止めなかった。

犯行の再現に取りかかる時がきた。事のために座っていた肘掛け椅子に座った。暗殺者は庭に面した窓の近くの、その椅子の左側に立った。

彼はぶつぶつと言った。

「私が彼を襲った時、彼は私の論文を読んでいました。彼は一ページを読み終わり、私が一歩下がった時、第二ページ目を読み始めました。私は振り向き、部屋に入る時に自分の後ろのテーブルの上に置いておいたレインコートからピッケルを取り出しました。そして、すぐに私はそのピッケルを彼の頭に降り下ろしました。このように……」

ジャクソンは丸めた新聞を掴み、ガリンド少佐を襲う真似をした。

彼は弱々しい声でこう付け加えた。

「誰かがやってきた。ロビンスだと思います。私は最早何一つわかりませんでした。私は一歩も動くことができませんでした。誰かが私を打ちのめし、私はほとんど意識をなくして床に倒れました。これがすべてです」

確かにこれがすべてだった。暗殺者が白状しようと思ったことのすべてであった（J・コルギン『トロツキーの暗殺』)。

ラモン・メルカデルが裁判にかけられたのは、一九四二年春になってからだった。それ以前には、精神鑑定医たちの九〇〇時間にも及ぶ訊問を受けていたが、これは裁判官のために、メルカデルの人格について報告書をまとめる必要からだった。

九〇〇時間もかけて、彼の精神分析を行った二人の精神科医は、一三五九ページにも及ぶリポートを作成し、提出した。それによると、彼の精神的障害は、子供時代の困難な環境、とくに授乳の問題にあると結論し、このため感情が不安定になり、さらにはそれがこうじてエディスコンプレックス(子供が異性の親を慕う感情)に落ち込み、弱い父親を嫌い、強い母親を自分と同一視するようになったのだとした。こうして、父親の権威に反発して革命的となり、この社会的延長として、彼にとって意地悪な父親の役を演じたトロツキーを暗殺したのだった。この暗殺は、彼にとって理想的な父親だったスターリンのためだった――あるいは、スターリンは理想的な母親であったかも知れない。この分析結果からすれば、ゲ・ペ・ウは、言ってみれば、暖かい家庭であったかも知れない。また、この二人の精神科医は、メルカデルあるいはモルナールは、自己陶酔的な面と自己破壊的な面を同時に持ち、「大きな目的のためには進んで自分を犠牲にし、その反面、彼の内面では、自分を保護してくれる一つの世界を作っている。弱い反面、決心の強いところもあり、自責の念はまったくみられなかった」と分析している(モズレー、前掲書)。

彼は有罪であったが、正式な判決はそれから一年後だった。というのは、まだ精神鑑定と政治上の訊問が残されていたためであった。

「ジャクソン」あるいは「モルナール」は偽名であり、本名は「ラモン・メルカデル」であることを最初から主張したのは、メルカデルを九〇〇時間にわたり訊問した精神鑑定医の一人、キロス博士であった。

彼は「ジャクソン」がジャック・モルナールというベルギー人ではなく、どちらかと言えばスペイン系で、しかも自分で知らないと言っていたスペイン語で話しているのを聞かれており、彼にきた手紙を検閲したところ、カタロニア系の方言がところどころに書かれてあったことから、最初から彼が「ラモン・メルカデル」であることがわかっていたという。

その後、一九五〇年、キロス博士は、「ジャクソン」あるいは「モルナール」の指紋を持ってバルセロナに行き、指紋の照会を頼んだが、スペインの警察では、政治犯の記録は戦争で焼けてしまったという。そこで彼は、マドリッドに行き、そこの警察に再度指紋の照会を頼んだところ、一九三五年六月にバルセロナで逮捕された時にとったラモン・メルカデルの指紋を、一分四〇秒後に揃えてくれた。この指紋が、「ジャクソン」あるいは「モルナール」と一致したのである。

さらに、キロス博士は、カリダード・メルカデルと「ジャクソン」「モルナール」とが、よく似ている以外に、兄弟や姉妹と彼がよく似ていることを示す家族の写真を発見した。そして、ついに、ラモンが小さい時に別れたという父親とバルセロナで出会い、「ジャクソン」別名「モルナール」の写真を見せると、彼が自分の息子に相違ないことを証言したのである（モズレー、前掲書）。

モズレーによると、検事側は、メキシコ法に従ってモルナールに最高の刑――殺人計画および実行に対して二〇年、凶器による殺人に二年、武器の不法所持に対して一年を求刑した。当時のメキシコ法には殺人に対する死刑の刑罰がなかったため、一九三四年（一九四三年の誤りか）四月一七日、法廷は、ジャクソン、別名モルナールに対して、殺人の計画および実行に一九年六ヵ月、武器の不法所持に対して六ヵ月の判決を下した。この判決は、マイクを通して発表されたが、これを聞いたメルカデルは、怒って自分の被っていた帽子をマイクロホンに向かって投げつけたという（モズレー、前掲書）。

ラモン・メルカデルに下された最終審判決。

「第六刑事法廷管轄、証書番号　九四／四一、刑務所番号（空欄）

殺人、暴行、武器の不法所持の容疑で刑務所に拘留中の、ジャック・モルナール・バンデンドンレッシュもしくはフランク・ジャクソンに対する予備調査に基づき、裁判所は以下の通り決定を下した。

最高司法裁判所第八法廷の確定判決に基づき、殺人罪と武器の不法所持の罪によって、懲役二〇年に処する。損害賠償として、合計三四八五ペソの支払いを命ず。犯罪の道具であるピッケルは押収される。暴行の罪は無罪とする。

判決は言い渡し済み。

メキシコ市、一九四四年六月二七日、第六刑事法廷総裁判事　署名」

メルカデルは、最初の一八年間は、メキシコ市郊外にある連邦刑務所で過ごしたが、陽当たりのよい居心地満点の庭付きの独房だった。読書もやったし、他の囚人たちとトランプやドミノをやったり、刑務所内の作業場でオモチャも作ったりしたが、これも刑務所内での態度が模範的だったため作業場内に立入りが許可されたのだった。刑務所内で「反文盲キャンペーン」に参加し、文盲の囚人たちに読み書きを教えることでナショナル・チャンピオン賞も勝ち取っている。こうすることによって、彼は特赦か、刑の軽減を狙っていたのである（モズレー、前掲書）。

モズレーは、「メルカデルを脱獄させようとする計画の話も、二重三重とこみ入った手先たちが暗躍し、誰が真実で、誰が嘘をついているのかわからない秘密の世界のことだった」「メルカデルを脱獄させる素人っぽい計画が実行されたこともあるにはあった――教本の見えないインキで書かれた手紙が、米国の検閲の網にかかったことがあった――ニューヨークからメキシコへ向かう学校教師の荷物の中に隠されているのがメキシコ国境で発見されたのである。暗号で記された脱獄計画の説明書だった。しかし、この中からは、何も重要な鍵は発見されなかった」と書いている。

モズレーはメルカデルの脱獄（救出）計画があったらしいことは認めているが、しかし、詳しい具体的なことは一切書かれていない。

私（筆者）は最近、ＮＨＫ解説委員の五十嵐公利氏から貴重な外交文書を頂いた。それは、ソ連の外交暗号電報で、とくにトロツキーを暗殺したラモン・メルカデルの、主にモスクワのＫＧＢとメキシコの出先機関による、刑務所からの救出作戦「ゲノム作戦」に関するものであった。

解読不明の欠字部分が多く、詳細は読み取れない部分が多かったが、日露歴史研究センターの篠崎務氏に翻訳・分析を依頼したところ、次のような点がわかった。

①発信地：ニューヨーク　宛先：モスクワ／一九四三年五月三〇日

ＨＡＲＲＹことエプスタインは、二名の工作員をそれぞれ病院（刑務所内）の「相談員」と「患者」に仕立てて逃走の現場に送り込み、内部から隙を窺っていたこと。

②発信地：メキシコ・シティ　宛先：モスクワ／一九四三年一二月二三日

「実行者たちは『解放』が四日以内に行われるよう計画している。緊急用としてアメリカドルで二万ドルを遅滞なく送金乞う」。

③発信地：メキシコ・シティ　宛先：モスクワ／一九四三年一二月二九日

計画ではメルカデルが牢獄から裁判所に移送される際に救出を行うべく、守衛を買収して、考えられる九つの移送経路のどれかを特定させ、その道筋に工作員を待ち伏せさせておき、移送の車列を襲ってメルカデルを奪還し、一時隠れ家に匿った後に国外に連れ出すという計画だった。それがいくつかの不具合のために事は計画通りには行かなかったのである。計画を企てたクラーリンやエプスタインと、実行部隊をとりしきるゴドイとの間の連絡が不備だったために事前の詰めを行う打合せが行われなかったことの他、何らかの不具合がいくつか生じたためであろう。この計画自体の実行は放棄されたが、メルカデル救出作戦が中止されたわけではなく、新たに代替案が練られることになる。

④宛先：ベリヤ／一九四四年三月二九日

「状況も容易になり、看守の警戒も緩み、新聞も二日間休刊となる四月八日。この日が大変有利に働くことを考慮して、逃亡に影響を及ぼす可能性の検討を上級看守の手を借りてＫＩＴＥと始めた。他の機会が得られないことを考えてのことである。ＫＩＴＥの刑務所での立場は良くなりつつあることを考えると逃亡の日を早めざるを得ない。

われわれは法務省の役人のＬＯＲＤと検討しようと思っているが、これらの諸々の事情を思うと、大きくは望めそうもない」

つづく三月三一日の電報では、ソ連諜報部の大元締めであるフィティン中将宛てに、「彼は、ＮＵＥＶＯ　ＬＡＲＥＤＩＯでは多くの知り合いが米国税関とか移民局に勤務しているＭＡＴＥＯという男に、入獄書類の便宜をはかってもらうために人を介して接触するのがよい」とか、「入境のために自分ら独自の組織の立ち上げを考えている」とか述べているので、解放後の方策すら具体的に考えられていたと思われる。だが、この二つの計画も成功していない。その結果、クラーリンは五月にメキシコを去っている。

それでもなお、メルカデル救出作戦は続行されていた。六月にはタラソフは、刑務所に潜入させているＩＮＶＥＮＴＩＯＮという工作員を使っての案をモスクワに提示している。この男は、イダルゴ州のゴメス知事と近い関係にあった。

ゴメス知事はメキシコの弁護士、政治家である。いろいろ務めた公職には連邦中央地域部長官、イダルゴ州知事、メキシコ・シティ市長などの要職が含まれており、その影響力の大きさが知られる。

電文の多くの部分は読み取れないが、メルカデルの治療に当たっているEsther　Chapaという女医を利用しようというものだ。

⑤発信地：メキシコ　宛先：モスクワ、フィティン中将／一九四四年六月六日

「刑務所で彼はチャパ医師（以後「ＬＡＴＡ」）に会った。彼女はＧＥＮＯＭＥに同情して治療

をしてくれていた」

「彼女は当地での昔からの共産党員であり、優れた医師で、細菌学者でもあるし、対外文化交流連合協会を通してわが国の科学者たちとも科学面での交流がある。彼女はおよそ四〇歳くらいで

『ＷＯＬＦ』の最初の妻であり、彼からの評価も高い」

宛先のフィティン中将はＫＧＢの長官であり、三九歳でＫＧＢの外国諜報部長に抜擢され、粛清で骨抜きとなっていた同部門を建て直したとの評価を受けている。一九四一年六月のナチの対ソ侵攻の予報では、悪い報せを嫌うスターリンの怒りを呼び、危うく処刑されるところをベリヤが救っている。

一九四五年に入って、メルカデルの母親カリダードがメキシコ・シティ入りをしている。同年二月二七日付のモスクワ発電では息子のルイ（メルカデルの弟）からの電報を彼女に中継している。メルカデル救出作戦に直接触れている最後の暗号電報は、メキシコに渡ったメルカデルの母親カリダードの存在が本件をこじらせている、というものだった。

⑥モスクワ本部発、メキシコ・シティ宛／一九四五年三月九—一〇日

「われわれは彼女の安全のことも考えねばならなくなるだろうし、そうすると仕事が面倒になる。そちらの将来の仕事でＧＮＯＭＥの母がメキシコにいるとＧＮＯＭＥ作戦は大いに面倒になることを心せよ」

母親カリダードが再びメキシコに現れたことについて、モズレーはこう書いている。

「その目的は、新しい秘密警察の頭領のベリヤという男に取り入るためだった。この頃には、愛人のレオニード・エイチンゴンはパージで追放されていて、メキシコでは、カリダードは、カルメン・ブルーフラウという『男らしいスポーツマン』とメルカデルから紹介された男と一緒に旅行していたが、そのうちにラモンの刑務所の近くに家を借りて一緒に生活するようになった。二人は、メルカデルに細菌の注射をして伝染病をうつし、そこから彼を誘拐する計画を立てていたが、病気嫌いのメルカデルは、とてもそんな計画には協力できないと拒んだため、この計画もお流れになってしまった。

あるいは、恐らくメルカデルは、G・P・Uが多量に薬剤を注射するのではないかという怖れを持っていたとも考えられるが、いずれにしても彼の役目が終わった今となっては、刑務所の中にいるのが、彼にとっては少なくとも安全だった」

メルカデルの弟ルイス・メルカデルは『RAMON MERCADER MI HERMANO（わが兄ラモン・メルカデル）』（マドリードで刊行）の中でこう打ち明けている。

「ラモンが真剣な顔で、私にこう語ったことがある。

『母がぶち壊さなかったら、一九四四年には刑務所から出られていたはずだ』」

フリアン・ゴルキンによると（著書名不明、スペインの共産主義者）、アレハンドル・クッペルはメキシコ市においてラモンを監視すると同時に保護するという任務にあたっていたＮＫＶＤチームの責任者だった。恐らく彼は、ラモンを合法的に出所させることではなく、一種の逃亡計画を企てていたのであろう。誰かが介入してこの計画が失敗することは、どうしても防がねばならなかった。ゴルキンによると、一九四五年、クッペルのグループは、あらゆる手段を講じ、カリダードが知り合いのメキシコ人当局者に接近するのを妨害していた。カリダードをメキシコから追い出すために用いられた方法は、交通事故を装うこと、あるいは実際の交通事故だった。後者に関しては、間一髪免れたらしい。しかし、それでも、カリダードを怯えさせるには十分で、彼女はパリへ帰ってしまった。ラモンによると、四年後に刑務所から脱出するため、あらゆる準備がなされていた。しかし、母がきたため、大騒ぎとなり、計画はご破産になった。「あのせいで一七年も刑務所暮らしのはめになった」とラモンはルイスに言った。彼はそれを決して許さなかった（ルイス・メルカデル『わが兄ラモン・メルカデル』）。

メルカデルの母は、自分が女であり、ラモンの母親だから、何事もうまくいくだろうと、彼女は信じていた。彼女は、例えばロンバルド・トレダーノのようなメキシコの重要人物たちと何人も知り合いになり、恐らく一人一人懇願してまわったのだろう。しかし、彼女のしたことは、やぶへびになり、その結果として、計画されていたことがすべて台無しになった。これが弟ルイスに話してくれたおよそのことだった。

メキシコでは何もできないことがわかると、彼女は一時キューバに立ち寄り、それからフランスに戻り、パリのキューバ大使館で管理人としてしばらく働いていたと言われる（モズレー『トロツキーを殺した男』）。

彼女は残りの人生をパリで過ごし、一九七五年に亡くなった。八二歳であった（ルイス・メルカデル、前掲書)。

刑期が終わりに近づいた頃、メルカデルは、メキシコ市の郊外にある新しい刑務所に移された。そこは、立派な作業所やレストラン、それに劇場もあるモダーンな建物だった。ここで、メルカデルは、電気工学を教え、新しいガールフレンドもできた。彼女はメルカデルが買い与えたアメリカ製の自動車で刑務所まで彼に面会にきていた。

後にメルカデルの妻となったロケリアは、キャバレーの踊り子だった。二六年間、毎日、自動車で刑務所に行き、彼のため初老のメキシコ人である自分の母親に用意させた食事を持参していた。ロケリアにもソ連から年金が送付されたが、それは彼女がラモンの世話をし、必要なものすべてを提供するためであった。ロケリアはラモンのことを、愛情をこめて「アンヘリート」と呼んでいた、

メキシコでは、囚人は刑務所内で仕事をして金を儲けることも許されており、メルカデルもテレビやラジオの修理で金を儲けていたが、彼の必要な金の大半は外部のいわゆる「家族」というグループから送金されてきた。それはゲ・ペ・ウと、それにベルギーにいるという架空の父親だった。

一九五三年、メルカデルの仮釈放の問題が持ち上がった。彼は、もうすでに刑期の三分の二をつとめ、メキシコ法では、仮釈放は囚人にとって一種の権利だったのである。

ところが、ちょうどその時、彼がジャック・モルナールではなく、ラモン・メルカデルであるという証拠が出てきたのである。彼はこれを否定し続けた。だが、奇妙なことに、仮釈放の話が持ち上がると、彼は他の囚人と違って釈放されることに恐怖の色を見せ始めたのである。彼がもし釈放されるとして、ジャック・モルナールでなく、ラモン・メルカデルであることが立証されたならば、彼の身の上に危険が訪れるかも知れなかったからである。公的精神鑑定医のキロス博士は、「メルカデルが、

殺人により高度の道徳的目的を達成したと思っていること、自分の犯した犯罪についていささかの悔いも感じていないこと、トロツキーの死は、労働者階級の利益と考えていること、自分自身を暗殺者と考えていないこと、あるいは殺人狂、あるいは道徳的精神異常などと自覚していないこと……」を理由に仮釈放の不許可を申し出た。

法廷は、「彼が自分の犯した罪に対し何らの道徳的悔恨を表明していないこと、それに自分が謎のような男であることに誇りを持っていること」を理由に、メルカデルの仮釈放を却下した。この件は、高等裁判所にも控訴されたが、社会的にその身元が証明されない人物を仮釈放することは不可能であることを理由に下級裁判所の判決を採択して仮釈放の控訴を棄却した。

一九六〇年五月六日、ラモン・メルカデルは二〇年の刑期を終え、数ヵ月前から移送されていたサンタ・マルタ・アカティラ刑務所を出所した。

出所時、刑務所の前では、彼の弁護士、そして飛行機に搭乗するまで付き添う数人のチェコスロヴァキア大使館の職員が待っていた。というのは、計画ではチェコスロヴァキアに行くことになっていたからである。

それは弟ルイスの強い忠告からだった。彼は語っている。

「ラモンが刑務所を出ることを知った私は、私の母を通じて、一通の手紙を送った。手紙では、モスクワではなく、チェコスロヴァキアで生活するように、ラモンに忠告しておいた。ラモンはそれまでモスクワで暮らしたことはなかった。私が彼にチェコスロヴァキアを勧めたのは、その当時、つまり一九六八年の事件『プラハの春とソ連軍の侵攻』が起こる前までは、チェコスロヴァキアはより西洋的な国だったからである。私はそれまでのラモンの生活、ソ連での生活にかんする母の反応などを知っていた。しかも、私自身もソ連というものをよく知っていた。だから、ラモンはソ連に順応できないだろうと確信していた。ソ連ではなにもかもがとても困難だった。生活はとても厳しく、私たちが想像している理想とはまったく異なっていた。ラモンは私のいっていることを信じたくなかった。彼はモスクワ行きにこだわっていた」(ルイス・メルカデル、前掲書)

ラモンはメキシコからキューバに旅した。ほんの数日間滞在したあと、リガ港に向かうソヴィエト船で大西洋を横断した。その船旅は半月ほどかかった。

リガでは、彼をモスクワまで連れて行くKGB要員の出迎えを受けたと思われる、

ラモンは、フルンゼ桟橋にあるモスクワ川の岸にある新築の建物の一室が与えられた。建物はゴーリキー公園に面していた。景観がとても素晴らしい快適な一画で、モスクワ市内では特権階級が住む場所の一つである。

スドプラトフの『KGB・衝撃の秘密工作』は次のように記している。

監獄でラモンの面倒を見ていた娘が彼と恋に落ち、毎週面会にやってきた、後に彼女と結婚した彼は、一九六〇年八月二〇日に釈放されると、彼女を伴ってモスクワへきた。

KGBのアレクサンドル・ニコラエヴィチ・シェレーピン議長はメルカデルを迎え入れ、ソ連邦英雄記章(英雄の星章)を授与した。メルカデルは中央委員会の特別決定で共産党員になった。その後、ドロレス・イバルリから直接要請されて、マルクス・レーニン主義研究所の首席研究員に就任した。彼と妻はモスクワに近いクラトヴォに党の別荘を与えられた。メルカデルは中央委員会およびKGB

から退役少将に等しい額の年金を受けた。

しかし、一九六〇年代、彼とKGBとの関係は緊張した。シェレーピン、つづいてセミチャスヌイに対して、エイチンゴンとスドプラトフの即時釈放を手配するよう求めたからである。彼はドロレス・イバルリとともに、このことを古参政治局員ミハイル・スースロフに迫った。スースロフは態度を変えず、メルカデルが自分に訴えたこと自体に激怒して、メルカデルにこう言った。「われわれは彼らの運命を決めた。決定は変わらない」。

メルカデルは、最初レニングラード駅に近いレニングラードスカヤ・ホテルに住んでいたが、次に地下鉄のソーコル駅近く、四部屋の家具なしのアパートが与えられた。メルカデルと関わった人間のうちで、ヴァシレフスキーだけが、党を除名されてはいたものの、逮捕あるいは投獄されていない人物だった。彼がメルカデルのために間に入ってくれたおかげで、アパートに適当な家具が備えられた。メルカデルの妻ロケリアは、モスクワ・ラジオでスペイン語放送のアナウンサーとして働いた。

一九六三年、二人は一一歳の男の子アルトゥールと、生後六ヵ月の女の子ローラの二人を養子に迎えた。子供たちの両親はメルカデルの友人だった。父親はスペイン内乱によってモスクワに亡命し、再び非合法工作員としてスペインに戻ったあと捕まり、フランコ政権の手で銃殺された。母親はモスクワで女児を出産後死亡した。

メルカデルはトロツキー暗殺を後悔していなかった。彼はロシアの諺「人は生まれる時と、死ぬ時を選べない」を引用して、こう言った。

「この諺にもう一つ付け加えます。人は生まれる時、死ぬ時、殺す時を選べない、とね」。

第十一章　暗殺者の死

メルカデルは一九七〇年代半ばにモスクワを去り、キューバに赴いた。そこで、フィデル・カストロの顧問を務めた彼は、一九七八年、死亡した。遺体は密かにモスクワに戻された。未亡人はスドプラトフに連絡をとろうとしたが、当時彼はモスクワを離れていた。しかし、エイチンゴンはクンセボ共同墓地で行われた葬儀に何とか出席できた。

彼はこの墓地に、ソ連邦英雄、別名ラモン・イワノヴィチ・ロペスの名で葬られている。本名ラモン・メルカデルの名前は歴史から永遠に抹殺されたのである。

モズレーの『トロツキーを殺した男』によると、彼は最初にモスクワへ行き、そこでソヴィエト社会主義連邦共和国に貢献したことで表彰された。

その後、プラハに移り、ラジオとテレビ関係の仕事を始めたといわれている。

一九六〇年代にプラハで彼、あるいは彼らしき人物がマスコミの記者のインタビューに応じたことがある。その記者が、少なくとも名前だけでも聞かせてくれと頼んだところ、彼は、ただ一言――「私がトロツキーを殺したのだ」と言ったという。

しかし、弟のルイスは兄がプラハで暮らした事実を語ってはいない。

それより最も重要なことは、トロツキー没後五〇年にあたる一九九〇年に弟ルイスが語った『私の兄ラモン・メルカデル』の最後の「補論」で、兄の死因について、疑問を投げかけていることである。まず、一九七四年五月二二日、モスクワでの話が疑惑の端緒である――。

長いことラモンに会っていないことを思い出し、彼を訪問した。ドアをノックしたが、返事がなかった。一月から彼が一人であることは知っていた。彼の妻と子供たちはハバナへ行っていた。彼は一度ならずドアをノックし続けた。やがて、ドア越しに非常にゆっくりとした歩みが近づいてくるのが聞こえた。ドアが開き、ラモンが現れた。彼は激しい痛みがあるようで、憔悴し切っていた。

「済まない。だがとても調子が悪くて横になるよ」

「どうしたんだい？」

「わからない。ここが激しく痛む」と言って、胸の左側を指した。

「どうなっているかわからない。医者を呼んで欲しい、頼む、苦しい」

ルイスは彼を担当しているクレムリンの私立病院に電話をかけた。すぐさま姿を現した女医は彼の様子を診て救急車を呼び、集中治療室へ大急ぎで運んだ。

ラモンは死ぬところだったと、医者はルイスに告げた。溢れ出た血が充満し、左の肺が塞がっていたので、それを取り除くことになった。彼は、数日間、生死の境にいた。あらゆるタイプの分析と生検が行われたが、癌性腫瘍は一つも見つからなかった。

ルイスは、病院長である内科医、彼を診断した主任外科医、レントゲンの専門家と話した。彼らは同じ意見で、癌の疑いがあったのに、ラモンには癌細胞がなかったので、その点が少し疑問であるというものだった。

こっそり見舞いにきたエイチンゴン（別名レオニード・コトフ）がルイスに言った。

「実際に何があったのか調べろ。君が言ったようなことではないはずだ。何かが起きたのだ。ラモンに対して何かしなければならなかった。毒を盛られたのではないのか」

そこでラモンに質問した。

「ＫＧＢのエリートと呼ぶ同志に最後に会ったのはいつか？」

五月九日の対ドイツ戦勝記念日に、ＫＧＢや党幹部などと祝賀式典に出席した。そこで、ラモンは「戦勝を記念して――ソ連の英雄ラモン・ロペスへ」と刻まれた金時計を贈られた。

エイチンゴンの仮説はルイスを不安にさせた。ラモンが突然重態に陥ったことと贈物の関係についての疑念を長い間取り払うことができなかった。

ラモン・メルカデル〔キューバ・ハバナにて、1976年〕
（『RAMON MERCADER MI HERMANO（私の兄ラモン・メルカデル）』より）

ルイスは兄が兄の家族と一緒にキューバに行けるようにという申請をＫＧＢに何度も執拗に提出した。その結果、ＫＧＢもついに兄のキューバ行きを認めた。

一九七四年八月、ルイスは空港までラモンに付き添った。

キューバでラモンはとても快適に暮らしていたが、午後になると、毎日のように熱が出ていた。それをラモンは「蝕む虫」と呼んでいた。

ラモンはキューバ内務省内の特命業務の顧問をしていたが、毎日、熱が出るので、医者たちはラモンが四時間以上働くことを禁じた。

一九七八年七月のある日、ルイスは呼び出され、早急にハバナへ行くように言われた。ラモンが死に瀕しているというのである。二、三日のうちにハバナへ飛んだ。

ルイスが着いた時、ラモンは入院していた。彼は事態を説明してくれた。

ある日、寝ようと思って目覚し時計のぜんまいを巻くために左手で取った。その際、肘と鎖骨の間の腕を折った。救急車で運ばれ、腕にメスを入れ、切開すると、腐っている骨が現れた。ラモンには何も説明せず、人工の骨を入れて、ギプスをはめた。その時、ラモンは骨癌であることが判明した。

ルイスは、ラモンの一番親友でＮＫＶＤ部長のエイチンゴンが表明した疑念を拭いされなかった。そして、左腕の「腐った骨」は、一九七四年五月九日に贈呈され、ラモンがいつも左腕にしていた金時計に疑惑を抱かせた。ルイスはそのことをこれまで証明できなかった。それは何の根拠もない疑念だけかも知れない。

しかし、ラモンは日毎に悪くなっていった。彼に死が迫っていることは誰の目にも明らかだった。

そうした時、ソヴィエトＫＧＢの代表がルイスのところにやってきた。ルイスは、兄にとってほとんど何の重要性もない国キューバに兄を埋葬するのは道理に合わない、ソ連と共産主義のために人生を捧げたのだから、より相応しい場所はモスクワだ、と彼らに言った。彼らはその通りにした。

ルイスは九月九日にスペインに向けて帰途についた。その途中、ラモンは亡くなった。一〇月一五日頃である。

KGBがルイスに約束したように、遺体は密かにキューバから運ばれ、ラモンの埋葬はモスクワで執り行われた。

軍の音楽隊がソ連国歌を演奏し終わると、当直の兵の分遣隊が彼の栄誉を称えて礼砲を撃った。トロツキーの暗殺者ラモン・メルカデルの遺骨は、クンセボ墓地に埋葬されている。

何年もの間、彼の墓には石碑すらなかった。埋葬の日、墓の上に置いた額縁入りの肖像画は、ルイスの娘マリーナが翌日引き取りに行った。一九八七年、KGBは、「ソ連の英雄ラモン・ロペス」と刻んだバラ色の花崗岩の石碑を建てた。勿論、キリル文字である(ルイス・メルカデル、前掲書)。

こうして兄の死を語ったあと、弟ルイスは最後にあえて「追補」を書き、兄の死の疑惑について触れている。

ラモン・メルカデルの墓
(『RAMON MERCADER MI HERMANO(私の兄ラモン・メルカデル)』より)

それを紹介しよう。

『モスクワ新報』一九九〇年六月一〇日号に、本書に登場するエイチンゴンとスドプラトフに関する記述があるのを見つけた。……『暗殺者へスターリン賞授与』というタイトルの囲み記事で、『ベリヤ、メルクロフ、そしてコブロフの事件に関する自主的告発』の部分が再録されている。自主的告発のテキストの囲み記事には、以下のような文章がある。

『暗殺命令は、ベリヤ、メルクロフ、そしてコブロフによる別の重大で非人道的な犯罪を明かるみに出した。その犯罪とは、生きた人間を使った人体実験である。実験が実施されたことが明かるみに出された。これらの実験は、祖国防衛戦争の大戦中だけでなく、それ以前から行われていた』『秘密裡に暗殺を実行するため、いろんな毒の使用方法を模索しながら、ベリヤは厳重に管理された秘密研究所を組織した。そこでは、死刑囚を使って毒の効果を実験する研究が行われた。ベリヤ、メルクロフ、コブロフの指令で、死刑囚は研究所に送られた』。

内務省長官だったブロジンの証言によれば、『マイラノフスキは、彼の指揮下で働いていた研究所の助手や医者とともに、さまざまな有害物質を収監者の人体に注入しながら、彼らを《最終処分》していた』。

……『最終処分』候補者の調達役を担ったマイラノフスキは、別の取調べで次のようにいっている。『……指令は、ベリヤ、メルクロフ、そしてスドプラトフから受け取った。それは、一九三八年から五〇年までのことである』。

指令を受け取ると、スドプラトフ、エイチンゴン、あるいはフィリモノフが死ぬべき人物を同伴し、私と秘密アパートで会合をもった。そして宴会の間に、食事やワインに毒を入れたのである。当然、われわれとしては、ラモンの病気のエピソード、エイチンゴンが表明した疑惑、そして過去に毒薬投与の経験をもっていたということと関連づけて考えたくなる。私は何も実証できない。けれども、これはとても恐ろしい疑惑となるだろう。ラモンの沈黙を確実にするため……ラモンは毒殺されたのだろうか？　彼は……体制の責任者にとって都合の悪い証人や、敵を殺すための執行部が使う最も不吉なテクニックを直接知っていた者である。

……ラモンが明らかに重病になったのが、KGBの仲間と会った宴会で『ソヴィエト連邦英雄ラモン・イヴァノビッチ・ロペスへ』と彫金された金時計を送られた数日後だったというのは、偶然だろうか？……一九九〇年八月末、ヘルマン・サンチェスは、KGBの元職員ニコライ・ホフロフの書いた本をケンブリッジの古本屋で見つけた。……その本のあとがきで、ホフロフは、どのようなやり方でKGBが彼に毒を盛っていたかを明らかにしている。飲み物に放射性タリウム（彼を診察したアメリカとドイツの医者によれば）を入れていたのである。何とかしてホフロフの命を救おうとした医師たちは、まったくの偶然から、ホフロフの『病気』つまり『中毒』の症状が、この種の放射線を過度に被爆した患者たちの症状と対応していることに気づいた。KGBは、研究所で、人体にタリウムの痕跡を一切残さない形で人を殺害する処方箋を発見していたのである。

ホフロフの自叙伝を知る一年前に書かれた本の一章で、とても慎重だが、ラモンの病気や死が、KGBの高官と同席した祝宴で贈呈された金時計から出ているある種の放射性物質と関係しているのではという私の疑問を示唆しておいた。私の疑問が杞憂に終わることを望んでいる……」

ルイスの疑念が仮に本当だったとしたら、ラモン・メルカデルは利用されるだけ利用され、最後は悲劇的な結末をとげたことになる。

エピローグ

よみがえるトロツキー

レオン・トロツキーは、スターリン批判以後も、ロシア革命の英雄としてソヴィエト共産党政権時代にも名誉が回復されることなく、今日に至っている。

しかし、トロツキーの再評価は、ソ連社会ではペレストロイカの末期になってようやく始まった。一九八八年秋に、D・ヴォルコゴーノフが党機関紙『プラウダ』で、トロツキーを「悪霊と化す神――デーモン」としながらも、一九一七―二四年には革命と社会主義の敵ではなかったと示唆し、翌年一月には、ソ連作家同盟の機関紙『ズナーミャ』誌で、異論派のR・メドヴェージェフは、トロツキーに反革命の意図はなかったと述べた。一九八九年以降、トロツキーの著作が六二年間の長い中断と禁圧を経て初めてロシアの雑誌に掲載され、一連の著作も復刊された。歴史の分野でも、一九八九―九〇年にトロツキーの再評価の動きが『歴史の諸問題』誌で見られ、トロツキーは、ペレストロイカの末期にようやく、スターリン主義を批判し、ソ連の歴史を問いなおす知的契機の一つとして、『オルタナティヴ』論の中で取り上げられるようになった（西山克典「ロシア革命の『鏡』としてのトロツキー」、『トロツキー研究』No.24所収）。

また、現在、ヨーロッパ諸国で、支配政党である社会民主主義政党の左に位置して健在ぶりを誇示しているのは、トロツキスト党である。思想界でのマルクス主義復権に大きな役割を果たしただけではなく、一九九七年と九九年の二度の失業者大行進を成功裏に組織し得、選挙でもフランスの大都市・労働者地区では、すでに共産党を追い抜いている。

ラテン・アメリカ諸国でも同じような状況が垣間見られる。ブラジルのPT（労働者党）は社会民主主義左派からトロツキストまでを包含する労働者統一戦線であるが、その党で最も活発に活動しているのは、トロツキストたちである。メキシコでも、トロツキストたちは、労働者運動、先住民族チアパス支援運動で、大いに活躍している。一般民衆の間でのゲバラ人気は高いが、理論面でリードしているのは、やはりトロツキストだと言っても過言ではないだろう（佐々木力「トロツキー博物館訪問記」、『トロツキー研究』No.36所収）。

トロツキーが暗殺されておよそ一ヵ月後の九月二四日（あるいは八月二四日）、メキシコの古参革命家であり、革命の闘士にして、メキシコへのマルクス主義の紹介者、民主主義の諸権利の支持者であるフランシスコ・サモラは、トロツキーの暗殺に対する反応について論じながら、次のように書き残している。トロツキーへの鎮魂歌でもある。

「私は第四インターナショナルに属していないし、これまで一度も属したことはなかった。私はその活動とはまったく無縁である。しかし私は、スターリンは、プロレタリアートの大義がこうむらねばならなかった裏切り者たちの中で最も忌むべき奴であり、最大の悪党であると思う。そして、精神的に、また道徳的に正気であれば、いかなる人間も、この腹黒い人間が犯した一連の犯罪、詐欺、卑劣な行為、事実と思想の捏造のあとでは、スターリニストであり続けることなどできないと思う。スターリンとその一味の存在にもかかわらず、十月革命から今日に至るまで存続しているものを、スターリニズムを追放することによって救わねばならないと思う。スターリニズムは、世界の労働者階級がその良心と確信を最も必要としていた時に、この階級を道に迷わせ、その首脳部を失わせ、方向を見失わせたのである。もしも、そのように主張するのがトロツキストだというのなら、私はトロツキストであるし、私はそうであることを誇りに思う。なぜなら、いつの時代であれ、どんな社会であれ、全能の死刑執行人に従僕や擁護者として仕えることよりも、卑劣に暗殺された犠牲者の側に立つことのほうが価値あることであるだろうからである」（F・サモラ「啓示としての暗殺」、ピエール・ブルーエ『トロツキー』〔3〕所収）

メキシコ・シティのコヨアカンにある、現在は博物館になっているトロツキー邸の庭園は、深い緑に覆われ、土の香りのする道にユーカリの木が木陰を作っていた。屋敷の一画にはきれいな築山があり、手入れの行き届いたつる草が茂っていた。奥の塀に沿ったところには、かつてトロツキーがニワトリやウサギを飼っていた小屋があり、ガレージから庭に通ずる門のそばには、秘書シェルドン・ハートを記念した額――「スターリンに殺されたロバート・シェルドン・ハート（一九一五―一九四〇）を偲ぶ」がはめこんであり、その門と額の中間に、「レオン・トロツキー」と刻んだ巨大な青い石の墓標が立ち、その墓標には、ハンマーと鎌がツメのように刻まれている。

「ついにきたこの運命の日
卑怯な刺客の手にかかり

自室を朱に染めようとは
刺客は手にしたピッケルで
素手で座りしトロツキー
苦もなく頭を打ち砕く

八月火曜の昼下がり
悲劇の幕が落とされた
涙にくれん、同胞は」（モズレー『トロツキーを殺した男』）

■主要参考文献

アイザック・ドイッチャー著『武力なき予言者・トロツキー』（新潮社刊）
アイザック・ドイッチャー著『追放された予言者・トロツキー』（新潮社刊）
アイザック・ドイッチャー著『大粛清・スターリン神話』（TBSブリタニカ刊）
ピエール・ブルーエ著『トロツキー』〔1〕〔2〕〔3〕（柘植書房刊）
D・ヴォルコゴーノフ著『トロツキー・その政治的肖像』〔上下〕（朝日新聞社刊）
パヴェル・スドプラトフ、アナトーリ・スドプラトフ著『KGB・衝撃の秘密工作』〔上〕（ほるぷ出版刊）
J・ゴルキン著『トロツキーの暗殺』（風媒社刊）
ニコラス・モズレー著『トロツキーを殺した男』（鷹書房刊）
ジャン・ヴァン・エジュノール著『トロツキーとの七年間』（草思社刊）
I・D・レヴィン著『暗殺者の心理』（風媒社刊）
トロツキー著『トロツキー自伝』〔I〕〔II〕（筑摩書房刊）
トロツキー著『わが生涯』〔上中下〕（現代思潮社刊）
トロツキー著『亡命日記』（現代思潮社刊）
トロツキー著『トロツキー・最後のたたかい』（学芸書林刊）
ジェラール・ロザンタール著『トロツキーの弁護人』（柘植書房刊）
ヘイデン・エレーラ著『フリーダ・カーロ・生涯と芸術』（晶文社刊）
中原佑介著『一九三〇年代のメキシコ』（メタローグ刊）

藤井一行著『レーニン「遺書」物語』（教育史料出版会刊）
菊地昌典著『人類の知的遺産〔六七〕トロツキー』（講談社刊）
産経新聞・斎藤勉著『スターリン秘録』（産経新聞ニュースサービス刊）
鈴木康久著『メキシコ現代史』（明石書店刊）
ルイス・メルカデル著『RAMON MERCADER MI HERMANO（私の兄ラモン・メルカデル）』（原書）
篠崎務論文『ＶＥＮＯＮＡが暴いたソ連諜報部の暗躍・その１：メルカデル解放「ゲノム作戦」』
雑誌『トロツキー研究』（編集・発行トロツキー研究所）
雑誌『カオスとロゴス』（編集・ロゴスの会）

〈著者略歴〉

片島紀男（かたしま・のりお）

1940年、東京に生まれる。63年、慶應義塾大学法学部卒業。ＮＨＫ入局後、14年間にわたり、佐賀局に赴任。その後、福岡局を経て、東京へ転任。教養番組部、ＮＨＫスペシャル部に在籍。日本さらにアジアの近現代史に関わるドキュメンタリー番組の制作により注目を集めた異色のＴＶディレクターである。「放送人の会」会員。

執筆の世界では、『三鷹事件』（ＮＨＫ出版）が日本推理作家協会賞候補作となるなど、高く評価された。この他、著書としては、『東条内閣機密記録』（共著、東京大学出版会）、『埴谷雄高・独白「死霊の世界」』（ＮＨＫ出版）、『三好十郎傳』（五月書房）、『ゾルゲ事件 —— ヴケリッチの妻・淑子』（同時代社）、『国家に殺された画家 —— 帝銀事件・平沢貞通の運命』（平沢武彦との共著、新風舎）、『老いと死の超克 —— わが葉隠』（出門堂）など多数。

トロツキーの挽歌

2007年10月5日　初版第1刷発行

著　者　片島紀男
発行者　川上　徹
発行所　同時代社
〒101-0065　東京都千代田区西神田2-7-6　川合ビル
電話　03(3261)3149　FAX　03(3261)3237

装　幀　クリエイティブ・コンセプト
編集協力　小川眞理生
制　作　い　り　す
印　刷　（株）ミツワ

ISBN978-4-88683-616-8